AF401459

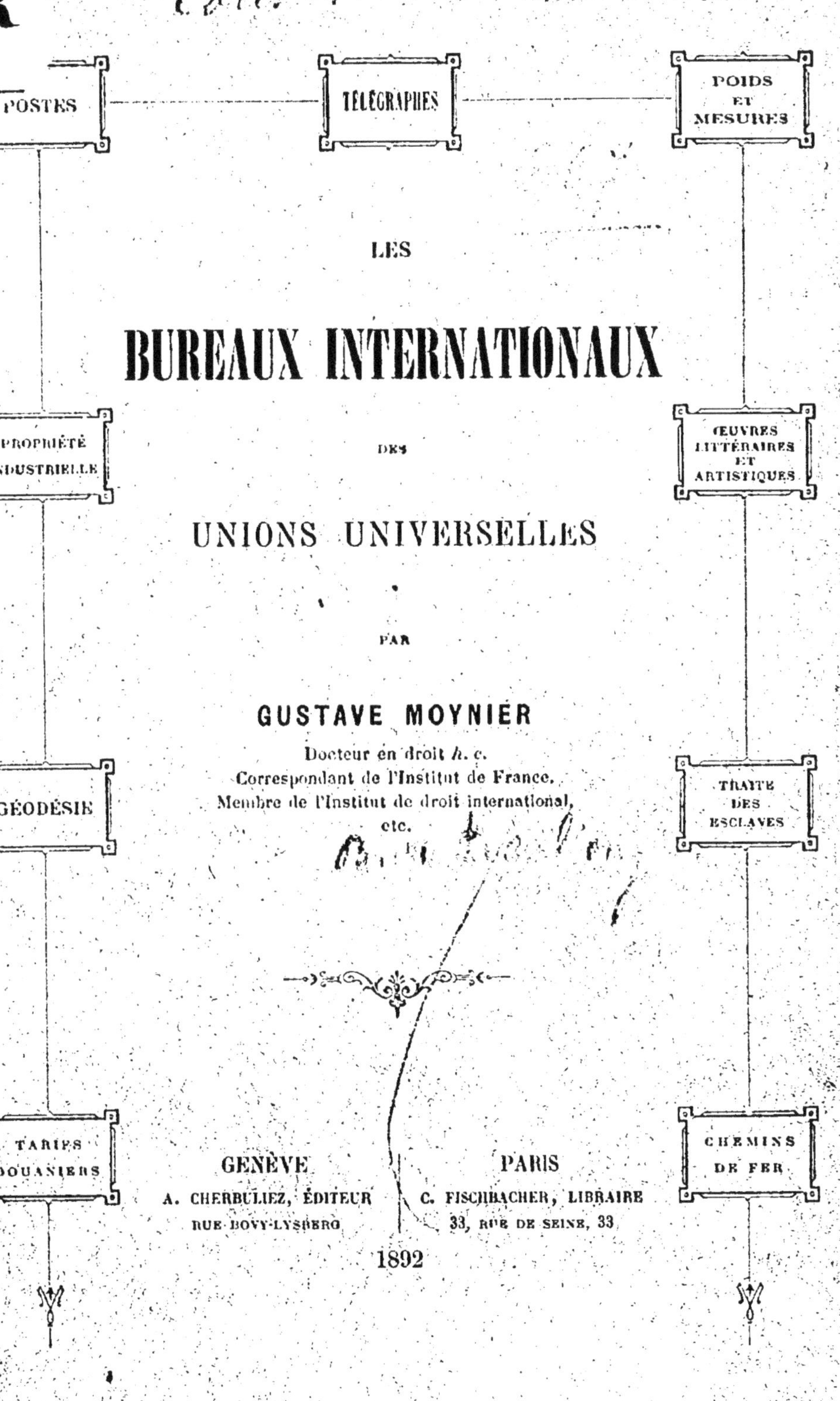

LES

BUREAUX INTERNATIONAUX

DES

UNIONS UNIVERSELLES

PAR

GUSTAVE MOYNIER

Docteur en droit *h. c.*
Correspondant de l'Institut de France,
Membre de l'Institut de droit international,
etc.

GENÈVE
A. CHERBULIEZ, ÉDITEUR
RUE BOVY-LYSBERG

PARIS
C. FISCHBACHER, LIBRAIRE
33, RUE DE SEINE, 33

1892

LES

BUREAUX INTERNATIONAUX

DES

UNIONS UNIVERSELLES

GENÈVE. — IMPRIMERIE ROMET, BOULEVARD DE PLAINPALAIS.

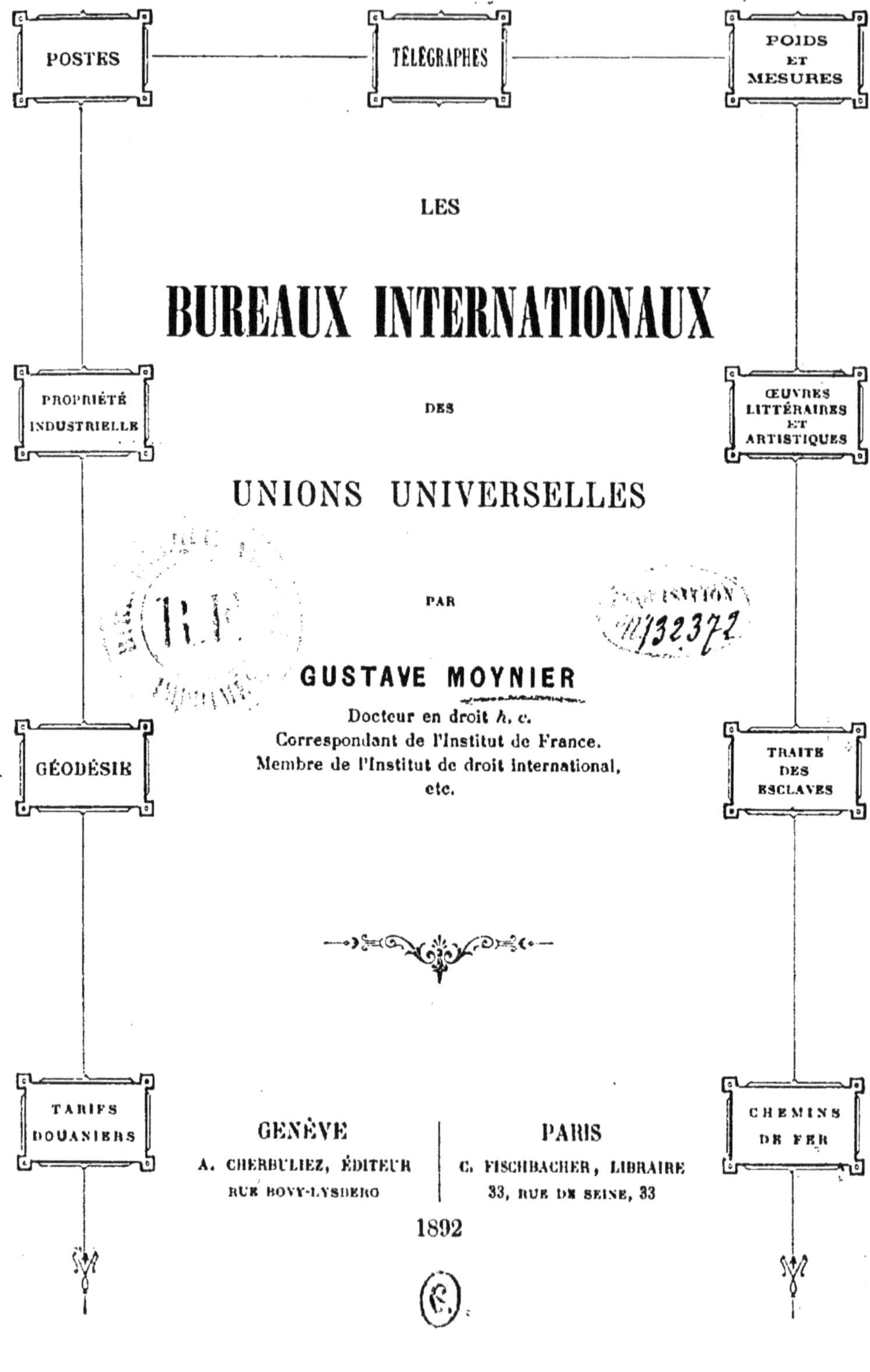

LES

BUREAUX INTERNATIONAUX

DES

UNIONS UNIVERSELLES

PAR

GUSTAVE MOYNIER

Docteur en droit *h. c.*
Correspondant de l'Institut de France.
Membre de l'Institut de droit international,
etc.

GENÈVE
A. CHERBULIEZ, ÉDITEUR
RUE BOVY-LYSBERG

PARIS
C. FISCHBACHER, LIBRAIRE
33, RUE DE SEINE, 33

1892

INTRODUCTION

Les Bureaux internationaux mentionnés dans le
titre de cet ouvrage sont des institutions publiques
d'une espèce rare, jeunes et vivaces, qu'à mon avis
l'on ne remarque pas assez, et sur lesquelles je me
propose d'attirer l'attention des personnes qui se
plaisent à observer les transformations de l'état
social.

Ce soin peut paraître superflu, à un moment où
l'on vient d'imiter coup sur coup ces singulières
formations, — jusqu'à trois fois dans la seule
année 1890, — car cela prouve qu'on les connaît et
qu'on les apprécie. Il semble qu'après avoir laissé
les plus anciennes se développer lentement et faire
tout à loisir leurs preuves d'utilité, on ait enfin
compris qu'au lieu de les conserver à l'état d'excep-
tions, il serait temps d'en créer de pareilles pour
toutes les matières auxquelles elles sont applicables.

Toutefois, je persiste à croire que la notoriété
des établissements dont je parle est encore moins
grande qu'il ne le faudrait pour que l'opinion

publique les appréciât à leur juste valeur, car on se méprend souvent à leur égard. C'est donc avec l'espoir de ne pas entreprendre une œuvre stérile que je leur consacre ces pages [1], le mouvement d'expansion que j'ai signalé donnant d'ailleurs à une étude sur ce sujet un caractère d'actualité, propre à éveiller l'intérêt en sa faveur.

Les Bureaux internationaux sont des organes officiels, administratifs ou scientifiques, dont l'originalité consiste à ne travailler pour le compte d'aucun État en particulier, mais à les servir tous, tous ceux du moins qui ont signé les conventions en vertu desquelles ils existent. Les fonctionnaires qu'on y rencontre ne sont pas à la solde d'une seule nation, mais émargent simultanément à tous les budgets; ce sont des fonctionnaires internationaux dans toute la force du terme. Ces divers services sont absolument indépendants les uns des autres, et ceux qui les dirigent jouissent, pour la plupart, d'une faculté de *self government* assez étendue. Leur tâche est bien déterminée, mais ils l'accomplissent librement. Leur intérêt, néanmoins, est de s'en acquitter à la satisfaction de leurs commettants, car, si l'un des Bureaux venait à démériter, on ne manquerait pas, à la première occasion, de le transférer dans un autre pays.

[1] J'ai puisé mes informations aux sources officielles, qui m'ont été fournies de toute part avec la plus grande obligeance.

Pour comprendre cela, il faut savoir que chaque Bureau est à la dévotion d'un groupe d'États, qui se sont réciproquement engagés à se conformer à des règles communes, en vue tantôt d'une branche de leur administration à améliorer, tantôt de quelque intérêt de leurs ressortissants à sauvegarder, ou bien encore de quelque principe humanitaire à faire triompher. De plus, et c'est là un point capital à marquer, le nombre des pays unis de cette manière est illimité. Tout État parvenu à un certain degré de civilisation peut, en effet, s'il le désire, entrer dans ces alliances, et c'est avec joie que ceux qui l'y ont précédé le voient venir à eux.

Il en résulte que leurs organes généraux n'ont pas seulement un caractère international, mais sont essentiellement et virtuellement universels. Aucun d'eux n'a encore atteint cet apogée de son développement, mais tous y tendent, et rien ne les empêche d'y parvenir. Ils se distinguent sous ce rapport d'autres créations administratives, qui sont aussi internationales, mais qui ne relèvent, en raison de leur objet même, que d'un nombre limité de gouvernements. Telles sont, par exemple, les commissions établies soit sur les bords du Rhin soit sur ceux du Danube, pour faire respecter le droit fluvial quant à la navigation.

Parler à nos pères d'administrations internationales, c'eût été leur tenir un langage qu'ils n'eussent guère admis. Ils ne concevaient l'action collective des gouvernements que pour répondre à des situations passagères, et l'idée d'en exercer une permanente n'a pas dû se présenter souvent à l'esprit des socialistes d'autrefois, alors que chaque nation se cantonnait dans son individualité propre, et que la croyance à l'antagonisme des intérêts régnait sans partage. On n'avait pas encore inventé les Unions universelles, et il n'y avait pas de place, dans le droit des gens, pour cette sorte de personnes juridiques. J'appelle « Unions universelles, » — qu'ils aient ou non adopté cette dénomination, — tous les groupes d'États dont j'ai parlé plus haut, qui, formés diplomatiquement pour la poursuite de progrès intéressant la totalité des nations civilisées, admettent dans leurs rangs tous les peuples jaloux d'en faire partie.

Quoique le type des Bureaux internationaux ne se retrouve pas dans les temps antérieurs au nôtre, ils n'ont point surpris la génération actuelle qui les a vu naître. Ils lui sont apparus comme un fruit naturel des idées modernes et des progrès sociaux opérés au cours du dix-neuvième siècle. En face des traités sans précédents sur lesquels reposent les Unions universelles, il a bien fallu aviser, et recourir, pour en assurer l'exécution, à des procédés appropriés à leur nature. On a dû tenir compte, en particulier, du grand nombre de leurs signataires possibles. Ces vastes associations, dont les membres sont dispersés dans le monde entier, et qui n'ont pas, comme les sociétés privées, un chef pour les diriger, ne sauraient, le plus souvent, se passer de quelque organe qui les aide à conserver leur unité, et à maintenir leurs membres sous la règle des conventions qui leur tiennent lieu de statuts. Il est vrai que des infidélités de leur part constitueraient difficilement un *casus belli*, mais elles empêcheraient le but d'être atteint, et il importe conséquemment de les prévenir. D'autre part, le programme des Unions entraîne, pour les États contractants, des devoirs dont il convient de leur alléger le poids, ce qui peut s'obtenir par une centralisation bien entendue.

Ces considérations ont dû être présentes à l'esprit de ceux qui ont décidé la création des Bureaux internationaux, car ces derniers remplissent la double fonction que je viens d'indiquer. Leur utilité directe est grande et variée; elle se manifeste par des actes qu'ils sont tenus d'accomplir. Mais, à côté de ces services apparents, ils en rendent un autre, non moins précieux quoique caché : ils entretiennent la sève vitale au sein des Unions, par les relations constantes qu'ils soutiennent avec leurs membres, et ils concourent indirectement, sans qu'il y paraisse, par leur influence morale, à ce que chacun soit fidèle à ses engagements.

Les Unions n'ont cependant pas toujours éprouvé le besoin d'avoir un Bureau international dans leur

dépendance. Celle, par exemple, qui a pour but
l'amélioration du sort des militaires blessés dans
les armées en campagne, et qui est régie par la
Convention de Genève du 22 août 1864, s'en passe
fort bien. Neuf Bureaux seulement sont à l'œuvre
à cette heure ou vont l'être incessamment. Il y en
a un pour le service des télégraphes, un pour le
service des postes, un pour les poids et mesures,
un pour la protection de la propriété industrielle,
un pour la protection des œuvres littéraires et
artistiques, un pour la géodésie, un pour la répression de la traite des nègres, un pour la publication
des tarifs douaniers, un pour les transports de
marchandises par chemins de fer.

J'aimerais à élargir le plan préconçu de ce travail et à faire ressortir tous les mérites des Unions
universelles, au lieu de m'en tenir à ceux de leurs
Bureaux internationaux. J'aurais ainsi à entrer
dans des développements bien plus intéressants,
mais je rencontrerais un écueil que je tiens à éviter.
En dispersant l'attention du lecteur sur beaucoup
de matières différentes, je l'empêcherais de se
porter, aussi directement que je le voudrais, sur la
clause commune à tous les traités constitutifs de
ces Unions. Les Bureaux internationaux sont d'ailleurs, par eux-mêmes, une innovation assez remarquable pour mériter d'être considérés à part, indépendamment des questions générales à la solution
desquelles ils concourent.

C'est un point de vue auquel ne se sont guère
placés les publicistes qui ont écrit sur cette partie
du droit international. Frappés, par dessus tout, de
ce qui fait le fond des conventions dont il s'agit et
soucieux de le mettre en évidence, ils se sont relativement peu arrêtés à l'examen du moyen adopté
pour en assurer l'observation. Cette négligence est
du reste fort excusable, car les actes des Bureaux
reçoivent peu de publicité, et la pénombre qui les
enveloppe en dissimule le relief. Celui qui écrit ces
lignes aurait d'ailleurs mauvaise grâce à reprocher
aux auteurs qui l'ont précédé de n'avoir pas exploré
à fond ce coin de leur sujet, et d'y avoir laissé
quelques bribes à glaner après eux.

I

BUREAU INTERNATIONAL

ADMINISTRATIONS TÉLÉGRAPHIQUES

———◆:◆———

Le « Bureau international des administrations télégraphiques » est une création de ce qu'on nomme communément « l'Union télégraphique internationale, » fondée à Paris en 1865. Il nous faut donc faire connaissance avec cette Union, avant de nous transporter auprès de ses agents pour les voir à l'œuvre.

Antérieurement à 1865, les gouvernements ne s'étaient jamais constitués en syndicats universels pour des objets d'ordre administratif. Le premier essai qu'ils en firent se rapporta aux télégraphes. Il ne s'agissait point de fusionner les offices nationaux des divers États, mais seulement d'établir une entente qui facilitât leurs rapports mutuels.

Le but précis de l'Union télégraphique fut la recherche et la propagation des mesures les plus propres à rendre aussi rapide, aussi sûre, aussi facile et aussi économique que possible la transmission de la pensée par l'électricité d'un pays à un autre. L'obstacle principal qui s'y opposait était la diversité des régimes appliqués à cet important service public, chaque État l'ayant, en vertu de ses droits souverains, organisé chez lui selon ses convenances ou ses idées particulières, sans se soucier de ce que faisaient ses voisins. Ce défaut d'uniformité était sans inconvénients pour les dépêches internes, qui n'avaient pas à passer sur un territoire étranger, mais, du moment qu'un télégramme devait franchir la frontière de son pays d'origine, des difficultés et des complications parfois inextricables en résultaient. Cela était vrai principalement lorsqu'un message avait à transiter à travers plusieurs États avant d'atteindre son destinataire. Il s'en suivait des lenteurs décevantes, des erreurs perpétuelles et surtout des taxes très élevées.

Les hommes pratiques comprirent qu'il y avait là matière à des arrangements internationaux, et maint gouvernement s'entendit avec ceux qui soutenaient avec lui les relations les plus nombreuses, pour que, entre eux du moins, l'échange des télégrammes se fit dans de meilleures conditions. C'était un acheminement vers quelque chose de plus complet, je veux dire vers un traité général, qui établirait, pour la circulation des télégrammes internationaux, des principes auxquels chacun serait tenu de se conformer, tout en conservant sa liberté d'action pour ce qui ne concernait que lui seul.

Ce fut la France qui, la première, conçut le projet d'un semblable accord, lequel allait faire cesser les irrégularités dont on se plaignait et permettre à la télégraphie internationale de prendre son essor. C'est à son initiative qu'on doit la convention signée à Paris le 17 mai 1865. Vingt États européens avaient concouru à sa rédaction et s'y rallièrent; d'autres y souscrivirent plus tard. Aujourd'hui, légèrement modifiée sur quelques points, elle est la loi universelle, ou peu s'en faut. L'Union télégraphique comprend quarante-deux offices, auxquels il faut ajouter vingt-quatre compagnies propriétaires de câbles sous-marins, qui n'ont pas qualité pour devenir membres de l'Union, mais qui, bénévolement, se comportent comme si elles l'étaient.

Le fonctionnement des télégraphes internationaux n'est pas régi seulement par la convention dont je viens de parler. Dès la première heure, on a éprouvé le besoin de compléter cet instrument diplomatique par un grand nombre d'articles explicatifs, d'une nature plutôt technique et professionnelle, qui n'avaient pu y trouver place et

qui fournirent la matière d'un réglement d'exécution.

Ces deux documents, la Convention et le Réglement, ont été plusieurs fois revisés, par des conférences auxquelles toutes les parties contractantes
participaient. A la suite de celle de Paris, en 1865,
il y en eut à Vienne en 1868, à Rome en 1871, à
Saint-Pétersbourg en 1875, à Londres en 1879, à
Berlin en 1885 et à Paris en 1890. Il y en aura une
à Budapest en 1895. Les textes actuellement en
vigueur sont : pour la Convention, celui adopté à
Saint-Pétersbourg le 22 juillet 1875, et, pour le
Règlement, celui voté à Paris le 21 juin 1890.

Primitivement, les conférences avaient un caractère diplomatique; c'étaient les États qui s'y faisaient représenter; tandis qu'après 1875 on leur a
imprimé un cachet exclusivement administratif.
Ce sont les offices télégraphiques seulement qui y
envoient maintenant des délégués, et leur compétence ne va pas au delà des perfectionnements à
introduire dans le Règlement. Elles n'ont pas le
droit de toucher à la Convention qui, du reste,
dans son état actuel, laisse peu à désirer. Si, pendant les dix premières années de son existence, on
l'a remaniée trois fois, elle est demeurée intacte
depuis seize ans, et il est permis d'en conclure que,
telle qu'elle est, elle atteint son but. Mais le Règlement ne saurait sans inconvénients être condamné
à une pareille fixité. La pratique journalière, les

inventions nouvelles, l'extension progressive du
service, nécessitent sans cesse des innovations de
détail, dont il est bon que le public soit appelé à
bénéficier sans délai. On a donc eu raison de donner aux fonctionnaires attachés à cette branche de
l'administration la faculté de les adopter, sans
recourir à l'intervention des diplomates, — mais
non sans se passer de la sanction des gouvernements, — du moment que les principes essentiels
de l'Union n'en reçoivent aucune atteinte.

Ces stipulations fondamentales et inviolables,
quelles sont-elles? Ce serait m'écarter de l'objet
spécial de mon étude que de les exposer ici avec
tous les développements qu'elles comportent, mais
je ne puis me dispenser d'en indiquer au moins les
principales, puisqu'elles constituent la base de
l'édifice dont le Bureau international est en quelque manière le couronnement.

La Convention exige donc, entre autres choses,
que des fils directs, en nombre suffisant, soient
spécialement affectés à la télégraphie internationale;
— elle reconnaît à toute personne le droit de s'en
servir; — elle garantit le secret des correspondances; — elle établit un ordre de priorité pour
l'expédition des télégrammes, en raison de leur
caractère; — elle autorise les messages en langage
secret; — elle veut l'unité de taxe pour toutes les
dépêches échangées, par une même voie, entre les
bureaux de deux quelconques des États contrac-

tants ; — elle impose le franc comme unité moné-
taire pour la composition des tarifs internationaux ;
— enfin, elle met les télégrammes internationaux
au bénéfice de toutes les combinaisons imaginées
par les États contractants pour donner plus de
garanties et de facilités à la transmission et à la
remise des correspondances, telles que les réponses
payées, les dépêches recommandées, celles à faire
suivre, celles à destination multiple, les messages
sémaphoriques, etc.

Il serait oiseux de démontrer les avantages considérables que le monde civilisé a retiré de la conclusion du traité de Paris. On les comprend sans
qu'il soit besoin d'y insister. Aussi bien ai-je hâte
d'arriver à ce que je dois dire du Bureau international, dont l'utilité, quoique moins apparente, est
pourtant réelle, au point que l'on peut se demander si, lui disparaissant, la Convention, dont il
est l'âme, ne risquerait pas de demeurer à peu
près une lettre morte.

Dès l'origine de l'Union, la pensée vint à ses
fondateurs que, pour la consolider et la rendre
efficace, il conviendrait de la doter d'un organe
central. On pressentait qu'il surgirait des difficultés dans l'application des règles adoptées, que les
associés ne s'entendraient pas toujours sur le sens
du texte de la Convention ou du Règlement ; puis,
que l'uniformité dans le fonctionnement ne s'ob-

tiendrait pas sans une certaine unité de direction ;
qu'il y aurait d'ailleurs à exécuter, en participation,
des travaux pour lesquels l'Union serait sans doute
heureuse d'avoir sous la main un agent spécial.

La France se fit l'interprète de ce sentiment à la
conférence de Paris. Elle demanda une commission
permanente, formée de délégués de tous les États
contractants, laquelle aurait pour mandat de dresser une carte du réseau télégraphique international, de publier des tarifs communs et de procéder
aux études d'utilité générale, qui ne manqueraient
pas de s'imposer à sa sollicitude. Cette commission
aurait toujours siégé dans la ville où se serait tenue
la dernière conférence, et aurait travaillé sous
la direction du chef de l'administration télégraphique du pays. Mais l'idée n'en fut pas accueillie
avec faveur. Le rouage exécutif imaginé par la
délégation française parut probablement quelque
chose de trop considérable pour l'objet dont il
s'agissait. On ne retint de ce ballon d'essai que le
souhait d'une carte géographique, et on chargea
les Français, qui avaient déjà exécuté avec succès
un travail analogue, d'y donner suite.

Mais, d'autre part, on prit une mesure destinée
à rendre possibles en tout temps des modifications
au Règlement. Il fut entendu que si quelqu'un en
proposait, l'office télégraphique du pays où se
serait tenue la dernière conférence consulterait à
cet égard tous les intéressés, sans attendre l'épo-

que de la conférence suivante, et que, si l'accord s'établissait, le changement indiqué deviendrait aussitôt exécutoire.

On reconnut enfin qu'il était indispensable que les diverses administrations nationales fussent constamment au courant des variations de tout genre survenues dans leurs réseaux respectifs et de nature à exercer de l'influence sur le service international. Toutefois, pour obtenir ce résultat, on se contenta de recommander à chaque office de transmettre à ses coassociés les avis et documents le concernant. C'était leur créer à tous un devoir assez lourd à remplir, dont il était aisé de prévoir que plus d'un ne s'acquitterait pas ponctuellement.

Tel fut le régime imparfait sous lequel on vécut pendant trois ans. Cette courte période suffit pour qu'on se convainquît de la nécessité de faire un pas plus décisif dans le sens de la centralisation. Il y avait eu des malentendus, des renseignements, donnés dans une mesure insuffisante ou mal compris; le bien du service exigeait l'établissement d'un régulateur plus fortement organisé. Le système adopté à Vienne, en 1868, réalisa cette réforme.

Dans cette deuxième conférence, deux propositions se trouvèrent en présence, mais, loin de s'exclure, elles se complétaient l'une l'autre et donnèrent lieu à une double résolution.

La France, soucieuse de ce qui adviendrait si

des divergences se produisaient entre les États
contractants, quant à l'interprétation de la Convention, souhaitait qu'en pareil cas l'administration
télégraphique du pays où aurait eu lieu la dernière
conférence convoquât, pour trancher le différend,
une commission composée de délégués de tous les
pays de l'Union. On lui donna satisfaction sur ce
point.

Disons tout de suite, pour n'y plus revenir,
qu'en 1871 la conférence de Rome abrogea cette
disposition. Elle y fut déterminée par l'insuccès
d'une expérience récente. Peu de mois auparavant,
la commission prévue s'était réunie pour résoudre
des questions de tarifs, et mettre un terme à des
conflits existants entre certains États, à l'occasion
de compagnies propriétaires de câbles sous-marins
dans l'Extrême-Orient. Or, dans cette circonstance,
elle avait fait preuve d'impuissance, et il n'en fallut
pas davantage pour qu'on la condamnât.

La Suisse eut à Vienne un succès plus durable;
non seulement ses idées furent bien reçues, mais
encore on les amplifia, et sa motion fut le point
de départ du régime sous lequel l'Union se trouve
encore à l'heure actuelle. La proposition helvétique
consistait à charger l'une des administrations télégraphiques nationales, celle du lieu de la dernière
conférence, de veiller à l'exécution de la Convention, et à lui adjoindre un « Secrétaire général des
conférences télégraphiques européennes » qui s'oc-

cuperait, sous sa direction, de choses profitables à
la communauté.

Ce plan répondait si bien au vœu de l'assemblée,
que celle-ci se montra aussitôt disposée à s'y rallier ; à une condition pourtant : c'est que le secrétariat eût un siège fixe. Il paraissait presque impossible qu'on trouvât, pour occuper le poste de
secrétaire général, où il faudrait mettre un homme
de haute valeur intellectuelle et morale, quelqu'un
qui s'accommodât d'un changement perpétuel de
résidence. C'eût été une nécessité fâcheuse que
d'avoir à renouveler le personnel du secrétariat
après chaque conférence et de perdre le bénéfice
de l'expérience acquise. Mais, décréter que le sécré-
tariat général serait toujours au même endroit,
c'était vouloir implicitement que l'administration
sous la haute surveillance de laquelle il agirait fût
également invariable. On l'admit sans peine. On
voulut seulement que le nom de cette administration fut spécifié dans le Règlement, plutôt que
dans la Convention, pour faciliter éventuellement
une mutation, que la prudence conseillait d'envisager comme possible.

Des craintes se firent jour cependant sur le rôle
prépondérant que pourrait jouer l'agent général,
si on lui faisait une trop belle situation. « Elle
serait incompatible, » disait le représentant de la
France, « avec la dignité et la liberté des administrations télégraphiques, » et il exprimait la crainte

que ce fonctionnaire « ne devînt un obstacle international au lieu d'être une force, » si on l'affranchissait de tout contrôle. Mais son collègue belge lui répondit que « l'agent n'ayant aucune décision à prendre, aucun moyen d'imposer ses avis, la liberté des administrations demeurerait entière. Il exercerait une influence purement morale, mais d'autant plus grande qu'il se recommanderait davantage par l'autorité de sa position, son expérience et sa capacité. C'est pour cela qu'il faudrait donner une importance véritable à l'institution nouvelle, la constituer indépendante et la rehausser par le choix d'un homme honoré à cause de son caractère et de sa valeur personnelle. » Et l'orateur ajoutait : « Sous le titre d'Agent général des chemins de fer rhénans, de l'État belge et de la compagnie de chemin de fer du Nord, un agent, résidant à Cologne, fournit, à chacune de ces trois administrations, les renseignements dont elle a besoin, s'occupe des affaires communes à leurs réseaux et en prépare les solutions ; en cas de désaccord, il donne son avis, mais sans jamais prendre aucune décision. C'est un rôle analogue que devrait remplir le nouvel agent télégraphique. » Après ce discours la cause fut gagnée.

Il fut donc convenu qu'une des administrations télégraphiques existantes, désignée par la conférence, prendrait les mesures propres à faciliter, dans un intérêt commun, l'exécution et l'application de la Convention, et qu'elle organiserait à cette fin, sous le titre de « Bureau international des administrations télégraphiques, » un service spécial, dont elle conserverait la direction. Plus tard, à Saint-Pétersbourg en 1875, on donna de l'avancement, qu'on me passe l'expression, à cet organe central, en le plaçant « sous la haute autorité de l'administration supérieure de l'un des États contractants. » Quant aux frais, ils seraient supportés par tous les membres de l'Union.

On a remarqué avec raison, avant nous, que c'était là une création originale, une véritable innovation. Le délégué de l'Allemagne du Nord, à Vienne, prévoyait que « cette institution exercerait la plus heureuse influence sur l'avenir de la télégraphie internationale. » Elle était, selon lui, « le résultat le plus important des travaux de la conférence. »

Quand vint le moment d'élire l'administration dirigeante, toutes les voix se portèrent sur la Suisse. Le Conseil fédéral, qui avait poussé énergiquement à la conclusion du traité de Paris et s'était vivement intéressé à l'œuvre entreprise, fut très touché de la marque de confiance qu'on lui donna et accepta sans hésiter la fonction qui lui était dévolue. Ainsi, dit un écrivain français[1], « Berne devint la métropole télégraphique de

---

[1] E. Saveney, *Revue des Deux Mondes*, 1873, t. CI, p. 559.

l'Europe, et c'est là, sans doute, un rôle qu'elle continuera longtemps à remplir. Nous n'avons pas besoin de faire remarquer que le centre choisi par la conférence présentait les plus heureuses conditions. A toutes les raisons politiques qui s'offrent d'elles-mêmes, venaient se joindre les longs et anciens services rendus à la télégraphie par l'administration helvétique, qui s'était de tout temps signalée par une entente admirable des questions pratiques. » On pourrait ajouter que la personnalité du directeur des télégraphes suisses, M. Curchod, ne fut probablement pas étrangère à cette décision, car, aux conférences de Paris et de Vienne, il avait su se faire apprécier de ses collègues, qui le recommandèrent chaudement au Conseil fédéral, pour l'emploi de directeur du Bureau international.

Ce Bureau s'ouvrit le premier janvier 1869. Depuis lors il répond pleinement à l'attente de ses fondateurs. Qu'on en juge par la rapide revue que je vais faire de ses travaux.

Les termes dans lesquels la Convention a esquissé la tâche du Bureau n'en donnent qu'une idée générale, mais le Règlement, qui entre dans plus de détails, fait mieux comprendre quelles formes pratiques cette idée peut revêtir. Suivons donc ce guide officiel, et nous discernerons sans effort que les devoirs qui incombent à l'agence centrale sont de deux sortes : les uns, permanents, donnent lieu de sa part à un travail ininterrompu ; les autres, intermittents mais fréquents, introduisent un peu de variété dans son programme.

Les premiers, ceux qui l'appellent à déployer une activité constante, l'obligent à « réunir, coordonner et publier les renseignements de toute nature relatifs à la télégraphie internationale. »

Elle ne peut s'acquitter de ce soin, on le comprend, sans le concours des offices nationaux, qui doivent lui fournir les principaux éléments de ses compilations, tels, par exemple, que des avis concernant des changements de tarifs, l'ouverture de lignes nouvelles ou la suppression de lignes existantes, des ouvertures, suppressions ou modifications de service des bureaux, des interruptions ou rétablissements de communications, etc. Il est vrai que les diverses administrations sont autorisées à se les transmettre directement, si elles le préfèrent, mais aucune ne se soucie de multiplier ainsi ses envois ; toutes profitent de la facilité qui leur est offerte d'adresser leurs correspondances au bureau commun, lequel les répand ensuite dans toutes les directions. Ordinairement il les classe et les publie chaque mois, en les complétant au besoin par d'autres informations utiles, mais, en cas d'urgence, il les transmet télégraphiquement à tous les membres de l'Union. La série de ses *Notifications*, qui com-

prend déjà plus de 380 numéros, conserve ainsi
la trace de tous les changements survenus dans
les conditions de la circulation télégraphique internationale.

Indépendamment de la mention qui en est faite
dans les *Notifications*, la création de *nouveaux
bureaux* est l'objet d'une publication spéciale,
plus aisée à consulter par les employés. Ce sont
des *feuilles bi-mensuelles*, remplacées à la fin de
chaque année par une *récapitulation* de leur contenu. Puis, de temps en temps, le Bureau publie
une *Nomenclature complète des bureaux télégraphiques* existants. Ce volume, destiné à être com-
pulsé pour l'application des taxes internationales,
est le vade-mecum indispensable de tous les télé-
graphistes. La huitième édition, qui a paru en
1891, n'a pas moins de 400 pages in-quarto et
contient environ 77,000 noms de localités, classés
par ordre alphabétique. Elle a été tirée à 44,000
exemplaires. Ces chiffres permettent d'apprécier
combien est laborieuse chacune des réimpressions
de ce répertoire.

Les offices nationaux sont tenus de composer
périodiquement pour le Bureau, qui leur remet des
formulaires à cet effet, des tableaux du mouvement
de leur correspondance, de la situation de leurs
lignes, du nombre de leurs appareils et de leurs
bureaux, etc. Les cadres uniformes, préparés à
Berne pour recevoir ces indications, rendent com-

parables des données qui, jusque-là, ne se prêtaient pas à des rapprochements, par suite de la variété des aspects sous lesquels on les présentait. A l'aide de ces matériaux, le Bureau dresse et publie annuellement une *Statistique générale*, où se révèlent bien des faits curieux ou importants, qui échappent à l'observation directe. Elle est complétée, depuis plusieurs années, par une *Statistique des téléphones*.

Le Bureau reçoit aussi, des divers offices, communication de tout ce qu'ils publient, ainsi que des expériences auxquelles chacun d'eux se livre sur son réseau particulier. Tout cela est utilisé pour la publication d'un *Journal télégraphique* en langue française. Ce recueil contient, en outre, des articles scientifiques, des comptes rendus de livres, en un mot des notices de toutes sortes, capables d'intéresser les administrateurs et les fonctionnaires du service télégraphique. Chaque numéro mensuel forme un fascicule de 20 à 30 pages in-quarto à deux colonnes.

Au moyen des indications qui lui parviennent, le Bureau confectionne encore des *Cartes de géographie*, où sont marquées toutes les lignes du réseau international. C'est d'abord un *petit planisphère*, indiquant seulement les lignes de grande communication ; puis une carte en quatre feuilles du *régime européen*, avec les contrées limitrophes de l'Asie et de l'Afrique ; une dernière carte, aussi

en quatres feuilles, de la terre entière, est destinée
à mettre surtout en évidence le *régime extra-euro-*
péen. Ces documents sont continuellement revisés
et de nouvelles éditions en sont souvent publiées.

Enfin, le Bureau calcule et publie le *Tarif général*
des dépêches, sur les bases établies par la Convention et par le Règlement. Ce tarif subit de fréquents
changements partiels et il a dû, en outre, être plusieurs fois chiffré à nouveau, notamment à la suite
des conférences de Londres et de Berlin, qui en
avaient modifié notablement l'assiette. Cette tâche
est peut-être la plus délicate de celles dont le
Bureau s'acquitte.

Notifications diverses, nomenclature des bureaux,
statistique, journal, cartes géographiques, tarif
général, voilà donc, sous six chefs différents, ce
qui fait le fond habituel du travail du Bureau ;
c'est son pain quotidien, auquel vient s'ajouter par
intermittence, comme nous allons le voir, un sur-
croit de labeur.

Ce qui l'occasionne, c'est principalement la *revi-*
sion du Règlement de service et des tarifs, qui
s'opère de deux manières. Tantôt elle a lieu dans
des conférences, où le Règlement tout entier peut
être mis en discussion, tantôt elle s'effectue partiellement, à la requête de tel ou tel membre de
l'Union. Dans l'un et l'autre cas le Bureau international intervient.

S'agit-il d'une *conférence générale,* comme il s'en

est déjà tenu huit fois, le Bureau en prépare les délibérations, c'est-à-dire qu'il recueille préalablement les propositions que les divers offices désirent soumettre à cette assemblée, et les consigne dans des cahiers, qu'il distribue en temps utile aux participants. Ensuite, quand vient le moment de la session, le directeur du Bureau, accompagné, si besoin est, de son secrétaire, se transporte sur les lieux et assiste aux séances; il prend même part aux discussions, dans lesquelles, quoique n'ayant que voix consultative, il exerce toujours une large et légitime influence. Il pourvoit aux copies et impressions nécessaires, à la rédaction et à la distribution des amendements, procès-verbaux et autres renseignements. Une fois la Conférence terminée, c'est le Bureau international qui en publie le compte rendu officiel.

En dehors des conférences, les administrations télégraphiques peuvent, à une époque quelconque, opérer des changements dans le Règlement et les tarifs, si elles s'accordent sur leur convenance. Mais comment, dans leur état de dispersion, parviendraient-elles à se concerter à cet égard, si quelqu'un ne s'en mêlait? En 1865, on avait décidé, nous l'avons vu, que l'un des États contractants, à tour de rôle, leur prêterait ses bons offices à cet effet; maintenant c'est le Bureau international qui remplit cette fonction, et qui instruit les demandes de modifications émanées d'un ou de plusieurs des associés. S'il obtient l'assentiment unanime des administrations en cause et des autres offices qui peuvent y être intéressés, il fait promulguer les changements adoptés. Dans le cas contraire, il rend compte du résultat négatif de son enquête. Les communications que le Bureau fait à cet égard, ainsi que ses réponses aux nombreuses demandes d'interprétation des textes qui lui sont adressées, revêtent la forme de *Circulaires*, dont il a déjà été lancé plus de 400.

Je n'ai pas encore fini d'énumérer tous les avantages qu'on s'est proposé de retirer de la création d'un Bureau international. Ils s'étendent bien au delà des prescriptions dont j'ai parlé jusqu'ici. Ce n'est pas trop de dire qu'ils sont illimités, puisque le Bureau « doit procéder à toutes les études et exécuter tous les travaux dont il serait saisi dans l'intérêt de la télégraphie internationale, » et que, de plus, « il doit se tenir en tout temps à la disposition des administrations des États contractants, pour leur fournir, sur les questions qui intéressent la télégraphie internationale, les renseignements spéciaux de tout genre dont elles pourraient avoir besoin. » C'est ainsi qu'il a publié un volume d'*Études sur la législation télégraphique*, la traduction d'un ouvrage de *Droit pénal télégraphique* du Dr Dambach, une *Étude sur la téléphonie* du Dr Rothen, actuellement directeur du Bureau, et une *Nomenclature des câbles sous-marins*, qui a déjà eu quatre éditions. Tous ces travaux, après avoir été insérés dans le *Journal télégraphique*, ont été tirés à part et sont à la disposition du public.

Actuellement, une composition plus importante que celles que je viens de citer est en préparation, conformément à une décision de la conférence de Paris de 1890. Le Bureau a été chargé d'établir un *Vocabulaire du langage convenu*, destiné à devenir obligatoire pour toute l'Union. Ce vocabulaire, qui doit contenir au moins 200,000 mots, puisés dans les langues allemande, anglaise, espagnole, française, hollandaise, italienne, portugaise et latine, et dont tous les clients des télégraphes seront appelés à se pourvoir, devra probablement être tiré à plus de cent mille exemplaires. C'est une œuvre de longue haleine, qui ne sera pas achevée avant un an ou deux.

Tant d'exigences n'ont pas effrayé le Bureau qui, dans son zèle, a encore saisi avidement plusieurs occasions de seconder les vues de l'Union, bien qu'elles sortissent du cercle de ses obligations strictes. C'est ainsi qu'en 1881 il participa à l'*Exposition d'électricité* de Paris, où il reçut un diplôme d'honneur, et d'où il rapporta de savantes études, qui ont trouvé place dans son journal. Il se fit aussi représenter, sur une invitation du Ministre des postes et des télégraphes de France, à la *Conférence internationale pour la protection des câbles sous-marins*, qui se tint à Paris en 1882.

Pour clore la liste des réquisitions de l'Union envers son Bureau, je citerai enfin les *rapports* annuels qu'elle veut qu'il lui présente sur sa gestion. Les conférences se sont bien réservé le droit d'examiner et d'approuver ses actes, mais ce contrôle, à époques éloignées et variables, n'a pas été jugé suffisant. C'est donc à la fin de chaque exercice qu'un compte rendu est adressé au Conseil fédéral suisse, qui le communique à tous les offices intéressés, après en avoir vérifié l'exactitude.

J'emprunterai à cette source d'informations quelques chiffres, qui ne manquent pas d'intérêt, sur le côté financier des affaires du Bureau.

Les frais en sont supportés par les États de l'Union, entre lesquels ils sont répartis dans une proportion convenue. A cet effet, les contribuables sont classés en six groupes et choisissent eux-mêmes celui auquel ils désirent appartenir.

Les travaux variés du Bureau, ses volumineuses publications, entraînent des dépenses moins élevées qu'on ne pourrait le supposer, surtout si l'on songe que son personnel d'élite est assez largement rétribué. Leur total annuel est, en temps ordinaire, d'environ 80,000 francs. Il s'est accru graduellement, mais, presque toujours, il a été inférieur aux prévisions. Au début, on supposait qu'il ne dépasserait pas 40,000 fr.; aujourd'hui le Règlement en fixe le maximum à 100,000 fr., non compris les frais relatifs aux conférences.

La dépense nette, déduction faite des recettes, a été en définitive très légère pour chacun des associés, car les plus fortement imposés ont été rarement taxés à plus de 3000 fr. et, à ceux de la dernière catégorie, on n'a guère eu à réclamer au delà de 350 fr.

En 1879 l'Union a fait une dépense extraordinaire de fr. 25,000, pour constituer un fonds de pensions de retraite et d'indemnités éventuelles en faveur de ses employés, au nombre de quatre seulement. En même temps elle a augmenté leurs traitements de 15 %, mais à la condition que ce supplément serait affecté spécialement et intégralement à une assurance sur la vie, au profit de leurs familles.

De tout ce que je viens de dire du Bureau international on peut conclure, ce me semble, qu'il a conquis à tout jamais sa place à côté des offices nationaux, sur les prérogatives légitimes desquels il n'empiète en aucune façon et auxquels il ne peut causer aucun préjudice. Ses nombreux devoirs n'ont pour corrélatif aucun droit; il n'a même aucun intérêt propre dans les choses dont il s'occupe. On s'est habitué, d'autre part, à recevoir de lui une foule de prestations dont on ne peut plus se passer, et qu'on ne saurait à qui demander s'il n'était pas là. Aussi les membres de l'Union n'ont-ils jamais eu que des éloges à lui donner, et lui ont-ils témoigné à maintes reprises leur satisfaction. Ils lui sont d'ailleurs redevables, peut-être sans en avoir conscience, de l'émulation qu'il suscite involontairement entre eux, et qui contribue à accélérer les progrès de la télégraphie. La correspondance qu'ils ont avec le Bureau les tient forcément en haleine, et si l'un d'eux était enclin à l'apathie ou à la routine, il lui serait malaisé de céder à ce penchant.

Qu'il me soit permis de reproduire ici, en terminant, le jugement que portait sur le Bureau, dès l'année 1872, un publiciste étranger que j'ai déjà cité, car l'expérience subséquente semble l'avoir confirmé de tous points.

« Il suffisait, » disait-il, « au nouveau pouvoir exécutif, de faciliter le travail qui devait se faire en quelque sorte spontanément. Il n'avait pas d'impulsion puissante à donner; il n'avait qu'à écarter délicatement les obstacles que chacun pouvait rencontrer sur sa route. Le Bureau international a entrepris cette œuvre avec la simplicité et le naturel qui distinguent l'esprit helvétique. L'association télégraphique peut reconnaître dès maintenant qu'elle ne pouvait mieux faire que de confier à la Suisse la conduite de ses intérêts..... Son rapport de 1871 fait ressortir les services modestes mais incontestables qu'il a rendus. Son action s'est manifestée dans une série de détails. qui ne sont pas susceptibles d'un exposé brillant, mais qui n'en ont pas moins une sérieuse impor-. tance. »

Ainsi parlait M. Edgar Saveney da..s la *Revue des Deux Mondes*[1], et sa conclusion était que « en, raison même de la sagesse de son attitude, le. Bureau international n'a pas d'histoire. »

[1] T. CI, p. 565.

II

BUREAU INTERNATIONAL

DE

L'UNION POSTALE UNIVERSELLE

Les postes et les télégraphes sont, chez la plupart des peuples, des services connexes. Destinés l'un et l'autre à transmettre la pensée au loin, ils occupent généralement, dans le classement des matières administratives, des compartiments voisins. Néanmoins, il s'est écoulé plus de neuf ans entre le moment où le service télégraphique fut métamorphosé par la Convention de Paris et celui auquel on fit bénéficier la poste d'avantages pareils. On voulut sans doute se donner le temps d'éprouver le nouveau système, et se réserver de n'en étendre l'application que si l'on s'en trouvait bien. Quand cette période d'attente fut passée, l'Allemagne donna le signal du mouvement, et, à son instigation, vingt et un États fondèrent à Berne « l'Union générale des postes » le 9 octobre 1874.

La nature des choses ne permettait pas que la convention postale fut une imitation servile de la convention télégraphique, mais elles devaient être conçues toutes deux dans le même esprit. Comme le service télégraphique, le service postal ne connaît pas de frontières ; il vise à satisfaire des besoins qui ne se laissent pas circonscrire dans les limites d'un pays, mais il ne peut y parvenir qu'à la condition que les différents États s'entendent pour l'organiser d'une manière identique. Le président du Congrès de Berne proposa cet idéal à l'assemblée dont il allait diriger les délibérations, comme le but vers lequel elle devait tendre.

Pour y atteindre, le projet élaboré par le gouvernement allemand, — projet qui servit de base à la discussion, — indiquait deux moyens principaux : l'uniformité de la taxe et la gratuité du transit. La grande diversité des taxes existantes entravait les relations du commerce, de l'industrie et des familles ; on le sentait depuis longtemps, et il y avait en divers lieux une propension assez prononcée vers un système plus simple, en même temps que vers l'abaissement du coût des lettres et des imprimés. Le Traité de Berne institua la taxe uniforme pour l'étranger. Ce fut une conquête de la plus haute importance. Quant à la gratuité du transit, qui devait favoriser le libre échange des correspondances et procurer aussi une diminution des frais de port, elle ne put être obtenue, mais la

taxe afférente au transit devint invariable, et elle
fut fixée à un taux assez bas pour que le public ne
s'en ressentit pas. Le Traité de Berne, indépendamment de ces deux progrès, en réalisa d'autres
de moindre portée; il accorda des facilités nouvelles
à la circulation et supprima des obstacles qui
entravaient les rapports administratifs.

En qualifiant « d'Union générale des postes[1] »
la collectivité des États signataires de la Convention de Berne, on paraît avoir voulu accentuer leur
solidarité, plus qu'on ne l'avait fait à propos des
télégraphes. Cette différence dénotait le désir, fort
compréhensible, que les membres de la nouvelle
communauté se considérassent comme plus étroitement unis, et c'est un symptôme de l'état des
esprits d'alors qu'il est bon de noter. L'emploi du
mot « Union » n'était pas suffisamment motivé,
comme on semble l'avoir cru, par la déclaration
que tous les pays associés formeraient désormais
« un seul territoire postal pour l'échange réciproque
des correspondances, » puisque cela n'empêchait
pas que des législations différentes continuassent à
régir sur bien des points, même pour les relations
internationales, les diverses parties de ce territoire

---

[1] Ce terme fut changé plus tard en celui « d'Union postale
universelle » qui fera peut-être place un jour à celui « d'*Unio
postalis universalis* » proposé par des publicistes qui voudraient que le latin devint la langue usuelle de toutes les
nations. (*Revue des Deux Mondes*, 1ᵉʳ juin 1891, p. 555).

soi-disant unique. Toujours est-il que la dénomination adoptée apparaît comme l'indice d'une aspiration à un rapprochement plus intime des peuples.

La Convention de 1874 a été revisée à Paris en 1878, puis à Lisbonne en 1885 et à Vienne en 1891. Le texte arrêté dans cette dernière ville entrera très prochainement en vigueur. Quant au Règlement annexé à la Convention primitive, il a subi les mêmes vicissitudes qu'elle.

Une particularité de l'Union postale, qui ne se rencontre guère dans les unions similaires, c'est l'existence, entre ses membres, d'unions restreintes pour des objets sur lesquels l'unanimité n'a pu s'établir. On a réservé le mot « Convention » pour désigner l'acte principal constitutif de l'union générale, et l'on s'est servi du terme « d'arrangements » pour ceux qui n'ont été signés que par un moins grand nombre d'États. Ces arrangements spéciaux sont aujourd'hui au nombre de six; il y en a un « concernant l'échange des lettres avec valeur déclarée, » un « concernant l'échange des mandats de poste, » un « concernant l'échange des colis postaux sans déclaration de valeur, » un « concernant le service des recouvrements, » un « concernant l'introduction des livrets d'identité, » et enfin un « concernant les abonnements aux journaux. »

Indépendamment des changements que des congrès périodiques introduisent dans la loi postale internationale, celle-ci se modifie continuellement. Dès que l'un de ses signataires souhaite quelque innovation, il est autorisé à la proposer à ses co-associés, et si les États contractants, consultés par écrit, émettent à son sujet un vote favorable, soit à l'unanimité, soit à une majorité plus ou moins forte selon la nature de la demande, la nouvelle règle remplace l'ancienne et acquiert force de loi. Ainsi se trouve réalisé, dans une sphère restreinte à la vérité et sans qu'on en ait affiché la prétention, le parlement international permanent que tant de publicistes ont rêvé. Ce parlement au petit pied ne reste point inactif ; grâce à l'organisation qu'on lui a donnée, il légifère sans cesse, et, s'il n'enlève pas leur raison d'être aux conférences qui, de temps en temps, viennent coordonner et compléter son œuvre, il offre un moyen pratique d'exécuter d'utiles réformes dès que la convenance en est reconnue. Il y a là, pour des observateurs attentifs, matière à réflexion. Peut-être y découvriront-ils un germe fécond, capable, sous l'empire de circonstances propices, de se développer un jour et de pro-duire de grandes choses. Contentons-nous, à cette heure, de prendre acte du premier pas fait par l'humanité dans une voie qui, tout porte à le croire, sera celle de l'avenir.

La Convention télégraphique n'est point sujette à d'aussi fréquentes mutations que la Convention postale. Elle a été mise, nous l'avons vu, à l'abri des remaniements que les administrations intéressées voudraient lui faire subir. Ce n'est qu'au Règlement que celles-ci ont le droit de toucher, même quand elles s'assemblent en conférence. Pour les postes, il n'a pas été fait de distinction. On n'a pas placé certaines dispositions dans le ressort exclusif des diplomates et abandonné les autres au libre arbitre des praticiens. Tout a été considéré comme étant de la compétence de ces derniers, et jusqu'à présent on n'a pas eu à le regretter.

Il est surprenant que l'Allemagne, en s'inspirant de ce qui avait été fait pour les télégraphes, lorsqu'elle rédigea son projet de traité postal, ait fermé les yeux sur l'existence du Bureau international. car, de toutes les clauses de la Convention de 1865, c'était peut-être celle concernant ce Bureau qui se recommandait le plus indiscutablement à l'imitation du législateur de 1874. Cette lacune, quelle qu'en ait été la cause, fut heureusement comblée au cours des débats de la conférence. Le délégué belge, M. Vinchent, le même qui, à Paris, avait chaudement appuyé l'idée d'un bureau pour les télégraphes, réclama une institution du même genre pour les postes et ne rencontra pas d'opposition. Quelques amendements à sa motion eurent seulement pour but d'éviter de donner au Bureau le caractère d'une « autorité » et de le confiner dans le rôle « d'aide, » ce qui était conforme aux intentions de tous les assistants. Nous verrons, en énumérant ses attributions, dans quelles limites on l'a contenu.

Le siège du Bureau fit l'objet d'une votation régulière, qui ne donna pas immédiatement un résultat décisif. Au premier tour de scrutin, les voix se partagèrent entre la Belgique et la Suisse, qui obtinrent chacune dix suffrages. Elles avaient toutes deux des titres à la préférence de l'assemblée : la Belgique, parce qu'elle avait énergiquement secondé l'initiative de l'Allemagne; la Suisse, parce qu'elle s'était acquittée à la satisfaction générale de ses obligations relatives au Bureau télégraphique. A la seconde épreuve la Suisse l'emporta. Ses représentants ne s'étaient point attendus à cet honneur, mais ils n'eurent garde de le décliner. Le Conseil fédéral promit de veiller avec sollicitude sur la nouvelle institution placée sous son égide, et qui, dit-il, « prendrait place dans l'organisme des communications universelles. » Elle commença à fonctionner le 15 septembre 1875.

Le personnel du Bureau se compose d'un Directeur et de six autres employés, au profit desquels l'Union a créé un fonds de secours, au capital de 25,000 francs. Elle leur a alloué en outre, en 1878, une augmentation de traitement de 15 %, pour être affectée à une assurance sur la vie. Ces mesures ont été prises simultanément par l'Union postale et par l'Union télégraphique en faveur de leurs agents respectifs.

Quant aux actes du Bureau postal, dont on voulait faire « le cœur et le cerveau de l'Union, » je vais les exposer brièvement, en relevant les analogies et les dissemblances qu'ils présentent avec ceux du Bureau des télégraphes. Ce parallèle s'impose, puisque l'un de ces Bureaux a dû servir de modèle à l'autre.

Les mandats qu'ils ont reçus comportent, pour l'un comme pour l'autre, deux catégories de travaux : il en est de réguliers et continus, auxquels viennent se mêler incessamment d'autres occupations, normales aussi, mais dont l'abondance et la périodicité n'ont rien de fixe.

Une phrase de la Convention postale, empruntée textuellement, *mutatis mutandis*, à la Convention télégraphique, veut que le Bureau de Berne « réunisse, coordonne, publie et distribue les renseignements de toute nature qui intéressent le service international des postes, » et le Règlement ajoute « qu'il sert d'intermédiaire aux *notifications* régulières et générales qui intéressent les relations internationales. » Les documents que les administrations faisant partie de l'Union doivent se communiquer par l'entremise du Bureau sont expressément spécifiés, ainsi que les autres pièces qu'il est nécessaire qu'elles fournissent pour le Bureau seulement. Ces exigences allaient d'abord trop loin, en réclamant de chaque gouvernement tout ce qu'il publie sur ses affaires privées. Des protestations se firent entendre, et le Congrès de Paris donna raison aux plaignants, en mettant le service intérieur hors de cause. Malgré cette concession, les offices postaux ont continué à se montrer plus récalcitrants que les offices télégraphiques, et à s'adresser directement les uns aux autres bon nombre de communications, malgré l'engagement qu'ils ont pris de les acheminer par Berne. Par une bizarrerie peu explicable, les offices télégraphiques qui ont la faculté d'agir ainsi n'en profitent pas, et les offices postaux auxquels elle est refusée en usent sans scrupule. Cela ne les empêche pas d'avoir constamment recours au Bureau, pour des informations que son devoir l'oblige à se mettre en mesure de leur procurer.

La même résistance s'est produite touchant les *données statistiques* provenant des divers pays, que le Bureau est tenu de présenter dans un tableau d'ensemble, et pour lesquelles il a préparé des formulaires, dont les administrations de l'Union n'ont qu'à remplir les cadres. Les cahiers qui sortent annuellement des presses du Bureau sont, par ce motif, moins complets, quoique plus volumineux, que ceux relatifs à la télégraphie. Des progrès cependant ont été obtenus. A la suite du Congrès de Lisbonne, qui s'était occupé très sérieusement de cet objet, on en reconnut mieux l'utilité, et, bien que le nombre des questions posées à chaque office ait été notablement accru — 245 au lieu de 131 — les réponses parvinrent dès lors plus régulièrement.

Actuellement, l'Union embrasse 58 administrations, desservant une population de 941,331,319 individus, sur un territoire de 87,915,689 kilomètres carrés.

Le travail du Bureau international s'est ressenti de l'extension graduelle de l'Union, surtout quant à la *correspondance* qui a pris un grand développement. En 1890 il n'a pas été expédié moins de 4649 lettres et 266 circulaires. En 1886, ces chiffres avaient été encore plus forts : 6420 lettres et 362 circulaires, soit environ 17 lettres et une circulaire par jour !

En 1891, la Conférence de Vienne a chargé le Bureau d'une tâche considérable : il s'agit de la publication d'un *Dictionnaire des Bureaux de Poste* du monde entier.

Parlons enfin du journal mensuel *L'Union postale* qui est rédigé par le Bureau et publié, comme le veut la Convention, en trois langues : allemande, anglaise et française. Il n'y a pas une édition pour chaque langue ; les trois idiomes sont juxtaposés dans trois colonnes parallèles.

Jusqu'ici nous avons vu le Bureau postal s'acquitter des mêmes soins que le Bureau télégraphique, mais l'assimilation ne va pas au delà, du moins sur le terrain des travaux constants. On ne réclame de l'organe central ni des cartes géographiques, ni des tarifs. Ces choses sont d'une utilité incontestable pour les télégraphes, mais le service des postes peut s'en passer.

D'autre part, on avait fondé des espérances sur le Bureau, en 1874, pour « faciliter les opérations de la *comptabilité internationale*. » Il ne fut pas donné suite, toutefois, à ce desideratum, qui disparut du texte de la Convention lorsqu'on la revisa en 1878. On ne tint pas même compte alors d'un projet, élaboré par le Bureau, pour la création d'un « Office central de comptabilité et de liquidation, » placé dans des conditions plus favorables que lui pour présider aux règlements financiers qu'on avait eus en vue. Mais on y est revenu en 1891. Maintenant les offices peuvent demander au Bureau de liquider leurs comptes réciproques ; ils n'y sont pourtant nullement contraints.

Dans la seconde classe de travaux que le Bureau doit exécuter, je veux dire parmi ceux qui ne s'imposent pas à lui quotidiennement avec une invariable régularité, figurent au premier rang sa participation aux *congrès postaux*. Ces congrès ou conférences ont lieu au moins tous les cinq ans. Les charges qui en résultent pour le directeur et pour ses subordonnés sont les mêmes que celles des congrès télégraphiques : ils en préparent les délibérations, ils pourvoient à toutes les impressions et copies au cours de la session et ils en publient ensuite le compte rendu. Il convient de remarquer que, sur ce point, la compétence du Bureau s'est accrue. La préparation de chaque congrès avait été confiée, en 1874, à l'administration du pays où il siégerait, « avec le concours du Bureau international, » mais, dès 1878, on renonça à cette coopération, et l'on eut assez de confiance dans le Bureau pour lui laisser toute la responsabilité de l'affaire.

Notons aussi que, plusieurs fois, le directeur a cumulé ses fonctions, au sein des congrès, avec celles de plénipotentiaire de membres de l'Union, ce qui lui a permis de voter sur les questions débattues, au lieu de siéger avec voix consultative seulement.

Un surcroît temporaire de labeur incomba au Bureau à la suite du Congrès de Lisbonne. Les membres de cette assemblée avaient décidé d'offrir à l'Administration des postes, télégraphes et phares du Portugal, en témoignage de gratitude, un « Album universel » contenant la représentation des sites les plus remarquables des pays de l'Union. Le Bureau dut exécuter cette décision : 569 photographies de grand format lui furent remises, et il les répartit dans onze cartons d'un beau travail artistique, qu'il envoya au destinataire.

Enfin, le Bureau postal est, comme le Bureau

télégraphique, à la disposition des membres de l'Union, autorisés à le requérir à toute heure pour des services assez variés, qu'on peut ranger sous trois chefs. Il est exposé à ce qu'on lui demande tantôt de fournir des renseignements, tantôt de donner un avis juridique, tantôt de recueillir les votes des États associés. Nous allons voir dans quelle mesure les intéressés ont fait usage de ces facilités.

Renseignements. — La connaissance de l'organisation du service postal à l'étranger est presque une nécessité pour les administrateurs de chaque État, mais la littérature du sujet ne leur a procuré pendant longtemps, à cet égard, que des indications insuffisantes, et, d'autre part, ils n'ont pas le loisir de se livrer à de laborieuses recherches pour s'éclairer. Mais le Bureau international est là qui s'en chargera pour eux. S'il n'est pas en mesure de répondre immédiatement à leurs questions, il fera à leur place les enquêtes et les études pour lesquelles tel ou tel des ayants droit aura requis ses bons offices, si tant est qu'il s'agisse de choses d'intérêt commun.

Cette tâche n'est pas une sinécure. Le Congrès de Paris, en 1878, commença par confier au Bureau deux mandats de ce genre, et cela réussit si bien que le Congrès de Lisbonne, en 1885, lui en donna quatre à son tour. Dans l'intervalle de ces réunions, comme dans les temps qui suivirent, les membres

de l'Union ne se firent pas faute non plus de solli-
citer individuellement des travaux analogues. Ces
études, qui se font au moyen de *circulaires* et dont
le résultat est porté, aussi par circulaires, à la
connaissance des intéressés, sont ordinairement
longues, de façon que le Bureau en poursuit presque toujours plusieurs à la fois. En 1889, par
exemple, il n'en avait pas moins de neuf sur les
bras. Mais il ne s'en plaint pas, car il est pénétré
de leur utilité. « Nous relevons avec plaisir, » dit-
il dans l'un de ses Rapports, « que plusieurs de ces
enquêtes ont produit de bons résultats. En faisant
connaître la manière dont les questions auxquelles
elles se rapportent sont envisagées par la grande
majorité des administrations, ainsi que la pratique
générale suivie à leur égard, elles ont engagé un
certain nombre d'offices à se rallier à cette pratique. Elles ont donc contribué à développer l'unité
de vues et l'unité de pratique, qui sont un des bien-
faits de l'Union. »

Elles n'ont pas toutes donné lieu à une publication, mais le fruit de plusieurs d'entre elles a été
consigné dans des fascicules imprimés. Il a paru
des *Résumés des lois et règlements intérieurs applicables : 1° au service des valeurs déclarées, 2° au service des mandats de poste, 3° au service des colis,
4° au service des recouvrements, 5° au service des
caisses d'épargne postales*, puis un *Recueil de renseignements sur l'organisation des administrations de*

l'Union et sur leur service interne de la poste aux lettres. Ce dernier ouvrage forme à lui seul un volume in-quarto de 438 pages,

Avis juridiques. — Lors de la fondation de l'Union, les Belges, pressentant des contestations entre ses membres, établissaient, dans leur projet relatif à la constitution d'un Bureau international, que tout conflit auquel donnerait lieu l'interprétation de la Convention, serait, avant que des arbitres en fussent nantis, porté à la connaissance du Bureau, qui émettrait un avis motivé sur la question en litige et essaierait ainsi d'amener les partisans d'opinions opposées à s'entendre. Mais cette immixtion obligatoire d'un organe irresponsable dans leurs démêlés, parut attentatoire à la souveraineté, ou tout au moins au prestige des États contractants. Le Bureau télégraphique n'avait point été appelé à ce genre de fonctions, et l'on craignait que la susceptibilité des intéressés n'en fut froissée. On convint donc de limiter l'intervention du Bureau au seul cas où les parties en cause la solliciteraient elles-mêmes. Devenue ainsi facultative, la procédure souhaitée ne pouvait plus offusquer personne. Le Bureau n'est pas moins, en fait sinon en droit, un juge bénévole auquel on recourt habituellement. On a foi en ses lumières comme en son équité, et ses avis, généralement bien reçus, mettent le plus souvent un terme aux conflits. Dès la première année, il pouvait constater avec joie que la plupart des contestations sur lesquelles il avait eu à se prononcer avaient été tranchées sans difficulté, et sans qu'il eût été besoin de recourir à la juridiction arbitrale prévue, comme seconde instance, par la Convention. Il l'attribuait courtoisement « à l'esprit de justice, de modération et de déférence réciproque qui anime tous les m···bres de l'Union, » mais il est permis de penser que, s'il n'avait pas fait preuve de tact et de sagesse dans ses conseils, il n'aurait pas eu autant de succès à enregistrer.

Le Bureau distingue soigneusement, dans ses *Rapports annuels,* les avis qu'il a donnés « à la demande des parties en cause, » comme le veut la loi, de ceux qui ont été réclamés de lui unilatéralement et qui sont toujours les plus nombreux. Il a déclaré que « chaque fois qu'il s'est trouvé invité par un membre de l'Union à signaler certaines applications erronées du Traité ou du Règlement, il s'est considéré comme obligé de déférer à ce désir, » et l'on ne peut l'en blâmer. Il n'a pas outrepassé sa compétence, puisqu'il est tenu de fournir aux membres de l'Union tous les renseignements spéciaux dont ils ont besoin. De tels avis ne sont d'ailleurs, en réalité, que des consultations privées non opposables à des tiers. Le Bureau a même été plus loin et s'est aventuré sur un terrain moins solide, où il ne s'est heureusement heurté à aucune résistance. « Dans les rares occasions, » dit-il, « où

il a cru devoir prendre lui-même l'initiative d'aver-
tissements » il s'est généralement astreint à donner
à ses observations la forme d'une demande de renseignements, sur le point qui lui paraissait avoir
été interprété dans un sens contraire à la doctrine
admise par les autres administrations. « Ces
démarches, indirectes ou directes, » ajoute-t-il,
« ont toujours été gracieusement accueillies. »

Au cours de sa carrière, le Bureau s'est cependant trouvé un jour, en présence de litiges d'une
importance exceptionnelle, dans le cas de se demander s'il ne devrait pas être plus circonspect, et
s'abstenir de prononcer sur les dissentiments pour
lesquels il ne serait pas consulté par tous les intéressés. Il prit alors le parti de se conformer à cette
règle de prudence « dans toute contestation bien
formelle, » ce qui ne paraît pas avoir ralenti le
moins du monde son activité conciliatrice.

Votations. — Il a été dit plus haut que les administrations de l'Union ont la faculté de demander,
à un moment quelconque, des retouches aux Actes
qui la régissent. Quand elles ont envie d'en faire
usage, — cela arrive sans cesse, — elles adressent
une requête au Bureau international, lequel instruit l'affaire en en référant à tous les associés. Il
recueille leurs avis, observations, amendements ou
contre-propositions pendant cinq mois, après quoi
il communique toutes les réponses qu'il a reçues
aux administrations, en les invitant à se prononcer,

dans un délai de six mois, pour ou contre la proposition première. Ce temps écoulé, il leur fait part du résultat final de la consultation. S'il en résulte une décision qui entraîne un changement dans la Convention, il faut, pour qu'elle sorte son plein et entier effet, que le Conseil fédéral suisse la notifie diplomatiquement aux gouvernements signataires de ce traité, mais si l'issue est négative ou si elle ne porte atteinte qu'au Règlement, une simple notification du Bureau suffit.

Lorsque les administrations unies, incertaines sur le sens précis de quelque article important, soit de la Convention, soit du Règlement, désirent en avoir une interprétation authentique, le Bureau international doit la leur procurer. A cet effet, il prend par correspondance l'avis du législateur lui-même, c'est-à-dire des membres de l'Union, de la même façon que lorsqu'une modification est réclamée, puis il leur fait connaître à tous l'opinion qui a prévalu, sans avoir besoin de recourir à l'entremise du Conseil fédéral.

C'est la Suisse qui fait au Bureau international l'avance des fonds dont il a besoin, mais les membres de l'Union lui remboursent ses frais, chacun en supportant une part proportionnelle à l'importance de son trafic postal. Ils sont, à cette fin, classés en sept catégories. Dans l'année 1890, qu'on peut considérer comme normale, ils ont payé au

maximum 3875 francs et au minimum 155 francs.
Le Bureau n'a pas pour ses dépenses un crédit
illimité. Le coût des conférences mis à part, on lui
accordait au début 75,000 francs par an, mais on a
vite reconnu que c'était trop peu et on l'a autorisé
à aller jusqu'à 100,000 francs, puis à 125,000, chiffre qui n'a jamais été atteint. Les dépenses ordi-
naires s'élèvent rarement à plus de 80,000 francs.

Réaliserait-on une économie en fusionnant, ainsi
qu'on l'a proposé sans succès, le Bureau des postes
avec celui des télégraphes? C'est peu probable, car
on ne voit pas trop comment ils pourraient s'en-
tr'aider, chacun ayant son domaine propre, qui ne
confine à l'autre par aucun point. Le mieux est de
les laisser subsister et travailler côte à côte comme
ils le font, sous la haute surveillance du Département suisse des Postes et des Télégraphes, et d'attendre, pour les soumettre à un régime différent,
qu'ils aient donné lieu à des plaintes, ce qui, si
l'on en juge par leur passé, est en dehors de toute
probabilité.

III

BUREAU INTERNATIONAL

POIDS ET MESURES

Les expositions universelles doivent être comp-
tées au nombre des plus grands événements de
notre siècle, tant en raison de leurs conséquences
sociales que parce qu'elles ont été un puissant facteur des progrès scientifiques, industriels et commerciaux. Je ne rappellerais pas une vérité aussi
banale, si l'institution que je vais décrire n'en était
une preuve entre mille. Ces vastes bazars ont rendu
tout particulièrement sensible, en effet, l'obstacle
mis aux relations internationales par la diversité
des poids et mesures en usage chez les peuples
civilisés. Jamais marché n'avait offert une pareille
confusion sous ce rapport, car jamais tant de
nations n'avaient été appelées à comparer les produits de leur travail, et ne s'étaient trouvées aussi

gênées dans leurs appréciations par la dissemblance de leurs unités de compte.

On parut d'abord s'y résigner, mais l'inconvénient s'accrut à mesure que les expositions prirent des proportions plus colossales et étendirent plus loin leur sphère d'attraction. Elles peuvent donc être considérées à juste titre comme la cause déterminante de l'association d'États qui s'est formée, en 1875, pour chercher à obtenir que partout on évalue de la même manière, c'est-à-dire en les rapportant aux mêmes types, la pesanteur et les dimensions de toutes choses.

Ce fut seulement après la quatrième exposition universelle, qui eut lieu à Paris en 1867, que se posa la question des voies et moyens propres à amener le changement désiré.

Dès 1855, à la clôture du Congrès international de statistique de Paris, il avait été décidé, dans une réunion spéciale, de fonder une association internationale pour poursuivre l'adoption d'un système décimal de poids, de mesures et de monnaies. Plus tard, en 1867, sur la proposition de M. Hirsch, Directeur de l'Observatoire de Neuchâtel, la Conférence géodésique internationale, réunie à Berlin, se mit à la poursuite du même progrès, et reconnaissant que, parmi toutes les mesures à mettre en balance, le mètre avait pour lui la plus grande probabilité d'être accepté généralement, elle se prononça en sa faveur. Elle recommanda la construction d'un nouveau mètre prototype européen, laquelle serait confiée à une commission internationale, où les États intéressés figureraient. Les membres de la Conférence furent invités à porter ces résolutions à la connaissance de leurs gouvernements respectifs et la Commission permanente géodésique fut chargée de contribuer autant que possible à leur réalisation.

Bientôt surgit, dans le monde savant, une polémique sur la convenance de prendre pour base d'estimation, commune à tous les pays, les prototypes du mètre et du kilogramme conservés dans les Archives de la France, après avoir été construits, de 1790 à 1798, par un groupe de savants appartenant à diverses nationalités. Une erreur de calcul, par suite de laquelle le prototype du mètre se trouvait de huit ou neuf centièmes de millimètre plus court qu'il n'aurait dû être, c'est-à-dire que la quarante millionième partie d'un méridien, ne permettrait pas, disait-on, de le considérer autrement que comme une valeur arbitraire, et il fallait entreprendre de nouvelles opérations, pour tirer de la sphère terrestre une unité de mesure absolument irréprochable. Mais il fut victorieusement répondu à cette prétention que la science progresse, et que ses déductions d'aujourd'hui seront peut-être reconnues fausses demain ; puis que le monde physique est toujours en travail, et que, par conséquent, on ne saurait se flatter de découvrir une longueur en rapport invariable avec les dimensions du globe. Les méridiens d'ailleurs ne sont pas tous identiques, et ce qui le prouve bien c'est que le mètre, faux pour le méridien de Paris, semble être exact pour celui de New-York [1]. Il était dès lors plus sage de s'en tenir à l'ancien mètre, qui est conventionnel si l'on veut, mais que l'usage a consacré. L'opposition en convint et abandonna le terrain qu'elle avait choisi ; mais elle prit position sur celui de la reproduction des prototypes français.

Lorsque le mètre et le kilogramme furent créés, à la fin du siècle dernier, chacun des membres étrangers de la commission qui avait présidé à leur confection en avait emporté, pour son gouvernement, un exemplaire conforme de tous points aux originaux restant en France. On en avait fait confectionner aussi, avec les mêmes matières et par les mêmes artistes, des étalons qui furent déposés au Conservatoire des Arts et Métiers, et auxquels seuls les physiciens furent admis à comparer, sans contrôle, ceux qu'ils fabriquèrent plus tard. Quant aux prototypes eux-mêmes, mis sous clef aux Archives, ils y demeurèrent, comme dans le lieu très saint, inaccessibles au commun des mortels.

Or ce fut contre cet état de choses qu'on s'éleva.

---

[1] Voy. *Première conférence internationale des poids et mesures*, 1889, p. 55.

On fit remarquer que, grâce à un pareil régime, les copies destinées à servir de types dans différents pays n'offraient pas de suffisantes garanties d'identité. Elles pouvaient différer « par les substances employées à leur confection, par les méthodes et les instruments à l'aide desquels on les comparait, par la température à laquelle cette comparaison était faite, par leur coefficient de dilatation, ainsi que par leur construction et leurs dimensions, par les règlements concernant les erreurs tolérables et par la manière dont les étalons étaient conservés[1]. » Peu à peu, si l'on n'y prenait garde, chaque pays, disait-on, finirait par avoir son mètre particulier, grâce à cette absence d'uniformité primordiale. On demanda, en conséquence, que la confection des étalons et la conservation des prototypes originaux ne fussent plus réservées à la France seule, mais devinssent le monopole collectif de tous les États ralliés au système métrique.

Au mois d'octobre 1869, l'Académie des sciences de l'Institut de France se rangea à cet avis. A son instigation, le gouvernement français constitua une commission dite « du mètre, » dont le noyau français fut complété par l'adjonction de commissaires étrangers, pour étudier le mode d'exécution du projet, auquel tout le monde adhérait en prin-

---

[1] Jacobi, *Rapport à l'Académie des sciences de Saint-Pétersbourg.*

cipe. A ce moment, treize États avaient déjà introduit et prescrit chez eux l'emploi du système métrique, et dix-huit autres, qui reconnaissaient les avantages de ce système, avaient compris la nécessité de se procurer des étalons secondaires. Aussi annonça-t-on comme « imminente, » l'adoption du système métrique français, avec toutes ses applications, quant aux mesures de surface, de longueur, de capacité et de poids, chez toutes les nations des deux mondes [1].

Une première réunion de la Commission du mètre, — qui n'avait qualité, cela devait être bien entendu, pour lier aucun État par ses décisions, — une première réunion, dis-je, eut lieu à Paris au mois d'août 1870; mais les événements d'alors l'obligèrent à suspendre son travail, qu'elle ne reprit qu'au mois d'octobre 1872. Vingt-neuf gouvernements y furent représentés par quarante-sept délégués. Un comité de recherches préparatoires lui présenta un plan si bien étudié, qu'elle put accomplir son œuvre en très peu de temps. Ses décisions furent de deux sortes. Les unes, d'ordre scientifique, portèrent sur les matières et procédés à employer, ainsi que sur les précautions à prendre pour la fabrication des mètres et des kilogrammes internationaux. Les autres, d'ordre administratif, les seules que j'aie à considérer, en réglèrent le mode d'exécution.

[1] Figuier, *Année scientifique*, t. XIV, p. 58.

La Commission internationale fut chargée de construire autant d'étalons identiques du mètre et du kilogramme que les États intéressés en réclameraient. La confection de ces nouveaux prototypes fut confiée aux soins de la Section française de la Commission, avec le concours d'un Comité permanent. Ce Comité fut composé de douze membres, de nationalités diverses. Il eut à diriger et à surveiller l'exécution des décisions de la Commission, en recourant, pour ce travail, à un « Bureau international des poids et mesures, » dont la fondation fut recommandée aux États intéressés.

Il fallait donc, pour que ces réformes s'accomplissent, un instrument diplomatique, qui donnât naissance au Bureau international, de l'assistance duquel la Commission avait déclaré ne pouvoir se passer.

Celle-ci avait déjà, à la fin de 1873, mis le gouvernement français en demeure de convoquer les puissances *ad hoc*, lorsque l'association géodésique internationale, réunie à Dresde en 1874, résolut de faire une démarche identique, et ces instances multipliées furent couronnées de succès. Une conférence générale fut convoquée et s'assembla à Paris le 1er mars 1875. Le 20 mai suivant le traité était signé, mais non sans avoir donné lieu à de longs débats.

Voici quelles furent les bases de l'organisation

adoptée, telles qu'elles résultent de la Convention que je viens de citer et du Règlement qui l'accompagne.

Les signataires se sont engagés à fonder et à entretenir à Paris un « Bureau international des poids et mesures, scientifique et permanent, » qui a été reconnu dès 1876 comme établissement d'utilité publique. L'installation de ce service central se présentait dans des conditions fort différentes de celle des autres Bureaux internationaux. Ces derniers, d'un caractère plus exclusivement administratif, n'ont jamais exigé, comme celui des poids et mesures, des locaux d'une nature spéciale et un outillage important. Ici il fallait un bâtiment présentant des garanties exceptionnelles de tranquillité et de stabilité. Dans ce bâtiment, il devait y avoir, outre un emplacement approprié au dépôt des prototypes, des salles pour l'installation des comparateurs et des balances nécessaires, un laboratoire, une bibliothèque, une salle d'archives, des cabinets de travail pour les fonctionnaires, et des logements pour le personnel de garde et de service. Le cas fut prévu où l'on ne trouverait pas à acquérir un immeuble convenable, et la construction d'un édifice neuf fut décidée éventuellement. Mais on n'eut pas besoin de recourir à cette extrémité. Le gouvernement français, qui avait bien voulu promettre de faciliter la création du Bureau, lui céda gratuitement le pavillon de Breteuil, situé à

Sèvres, dans le parc de Saint-Cloud. De grands et coûteux travaux d'installation furent néanmoins inévitables.

Le personnel devait se composer, au début, d'un directeur, de deux adjoints et d'un nombre indéterminé d'employés, puis être réduit, après l'achèvement d'une certaine partie du programme adopté.

L'institution fonctionne sous la direction et la surveillance d'un « Comité international des poids et mesures, » composé de quatorze membres appartenant tous à des États différents. Afin d'harmoniser la création de 1875 avec ce qui existait déjà depuis 1872, le personnel du nouveau Comité international fut le même que celui de l'ancien Comité permanent, augmenté des deux délégués qui, lors de la nomination de ce Comité, avaient obtenu le plus grand nombre de suffrages après les membres élus. Par suite de retards dans la ratification par les puissances du traité de 1875, le Comité international ne put commencer régulièrement son office que dans l'été de 1876, et, jusqu'en 1878, il ne s'occupa qu'à mettre l'ancien bâtiment en état et à construire un observatoire. Il se réunit chaque année à Paris, au mois de septembre, et les *Procès-verbaux* de ses séances sont toujours publiés. A l'origine, on joignait à ce document les travaux scientifiques exécutés officiellement par les employés, mais, dès 1880, ces études furent imprimées à part. Elles fournirent la matière d'un recueil spécial, intitulé *Travaux et mémoires du Bureau international des poids et mesures*, et on les compléta par d'autres mémoires métrologiques, émanant soit des membres du Comité soit du personnel du Bureau. Cette série forme déjà sept gros volumes in-quarto. Sa publication n'étant pas obligatoire, ne s'effectue que lorsque les ressources disponibles permettent de la continuer.

Le Comité international communique avec les États contractants par l'intermédiaire de leurs représentants à Paris.

Le Directeur, nommé par lui ainsi que ses adjoints, lui présente annuellement un triple rapport sur les finances, l'état du matériel, et les travaux effectués.

Le Comité international lui-même en adresse un chaque année aux gouvernements intéressés, sur ses opérations et sur celles du Bureau. Ce *Rapport* est reproduit comme annexe dans le volume des procès-verbaux dont j'ai parlé.

La hiérarchie administrative comporte encore une autorité supérieure au Comité international. C'est la Conférence générale des États contractants, qui se tient de temps en temps à Paris, sous la présidence du président en exercice de l'Académie des sciences de l'Institut de France. Cette assemblée entend un rapport du Comité international sur les travaux accomplis, et le renouvelle chaque fois par moitié. Quoiqu'elle doive avoir lieu au moins tous les six ans, elle ne fut pas convoquée avant l'année 1889, par suite de regrettables malentendus. Dix-huit États, sur vingt-deux, y furent représentés. On y compta en outre les membres du Comité international, ceux de la Section française de la Commission internationale du mètre, et quelques représentants d'États qui avaient siégé en 1872 dans cette dernière commission, mais ne s'étaient pas encore ralliés à l'Union formée en 1875. Les dispositions transitoires jointes à la Convention avaient permis que ces diverses catégories de personnes participassent à cette première session, pour assister au couronnement de l'œuvre à laquelle elles avaient concouru.

L'une des missions statutaires de la Conférence générale est de discuter et de provoquer les mesures propres à propager l'emploi du mètre et de ses dérivés; mais, en 1889, elle ne se montra pas disposée à entrer dans cette voie. Elle écarta la proposition qui lui fut faite par l'un de ses membres, d'inviter les gouvernements réfractaires au système métrique à l'introduire chez eux, dans la crainte que cette démarche ne fût interprétée comme une ingérence dans un domaine « complètement en dehors de sa mission. » Elle ne se crut pas autorisée à faire de la propagande autrement qu'en perfectionnant de plus en plus les poids et les mesures métriques. Elle s'en tint donc à ses attributions scientifiques, qui consistent « à santionner les nouvelles déterminations métrologiques fondamentales faites dans l'intervalle de ses réunions. »

Pour en revenir au Bureau, voici, d'après l'article 6 de la Convention, quelle est la tâche qui lui incombe : Il est chargé :

« 1° De toutes les comparaisons et vérifications des nouveaux prototypes du mètre et du kilogramme ;

« 2° De la conservation des prototypes internationaux ;

« 3° Des comparaisons périodiques des étalons nationaux avec les prototypes internationaux et avec leurs témoins, ainsi que de celles des thermomètres-étalons ;

« 4° De la comparaison des nouveaux prototypes avec les étalons fondamentaux des poids et mesures non métriques employés dans les différents pays et dans les sciences ;

« 5° De l'étalonnage et de la comparaison des règles géodésiques ;

« 6° De la comparaison des étalons et échelles de précision dont la vérification serait demandée soit par des gouvernements, soit par des sociétés savantes, soit même par des artistes et des savants. »

Quoique je n'aie point la pensée d'entrer dans les détails techniques qu'exigerait l'historique du Bureau et pour lesquels mon incompétence m'impose la plus grande réserve, je dois cependant dire quelques mots sur la façon dont le programme qu'on vient de lire a été exécuté.

Dès son premier alinéa, il fait allusion à de « nouveaux prototypes du mètre et du kilogramme » que le Bureau aurait à comparer et à vérifier. C'est qu'en effet, comme je l'ai dit, la Commission internationale de 1872 avait reconnu la convenance de remplacer le vieux mètre à bouts des Archives par un mètre à traits, en platine iridié au dixième, et y avait pourvu. Il n'entrait pas dans les attributions du Bureau, ni alors ni plus tard, de fabriquer lui-même des instruments de mesure, mais seulement de contrôler ceux qu'on lui présenterait. Il vérifia donc, avec une extrême minutie, ceux que lui apporta la Commission, puis la Conférence générale les sanctionna, après s'être convaincue que le résultat obtenu était « d'une perfection inespérée. »

Elle répartit ensuite, par un tirage au sort, entre vingt et un États ou institutions scientifiques, trente prototypes dits « nationaux, » du prix de 10,173 fr. pour chaque mètre et de 3105 fr. pour chaque kilogramme, remboursable au gouvernement français.

Enfin, il fut procédé solennellement au dépôt des prototypes « internationaux, » pour lesquels une cachette avait été préparée dans le caveau inférieur du bâtiment où se font les observations. Cette cérémonie quasi funèbre eut lieu le 28 septembre 1889, à 1 h. 30 après-midi, et procès-verbal en fut soigneusement dressé. Les prototypes, accompagnés de leurs témoins et d'un thermomètre à maxima et à minima, furent placés pour toujours dans une armoire en fer à double serrure, dont les deux clefs furent laissées à la garde du Directeur du Bureau. Le caveau à son tour fut clos par une première porte en fer, dont le directeur retira la clef, et par une seconde porte, également en fer, munie de deux serrures dont les clefs furent respectivement confiées au président du Comité international et au garde général des Archives nationales de France. Le caveau ne peut donc s'ouvrir qu'avec le concours de trois personnes. Le directeur n'a même le droit d'y pénétrer qu'en vertu d'une décision expresse du Comité et en présence de deux de ses membres.

La conservation des prototypes internationaux ainsi assurée par les précautions les plus sévères, le Bureau put se livrer tout entier à ses autres fonctions, en se servant, pour l'usage journalier, de comparateurs de l'ordre des prototypes nationaux. A la vérité, il n'avait pas attendu ce moment là pour entrer dans cette voie. Déjà auparavant, il avait eu à faire des vérifications de toutes sortes, qu'il avait opérées à l'aide d'étalons provisoires. De 1883 à 1889 il avait ainsi délivré 112 certificats, dont 31 pour des mesures de longueur, 71 pour des poids et 62 pour des thermomètres. Ces chiffres sont éloquents et montrent que le Bureau répond à des besoins réels.

Les taxes que le Bureau perçoit pour ce genre de services sont affectées à l'amélioration de son matériel scientifique. Il est arrivé ainsi à avoir « une collection absolument exceptionnelle d'appareils de haute précision, » dont l'utilité s'étendra sans nul doute à diverses branches de la science, au delà de l'objet spécial en vue duquel le Bureau a été établi.

La participation des États contractants aux frais de l'institution a été réglée d'après une échelle basée sur le chiffre de leur population. Ce chiffre, exprimé en millions, est multiplié par trois pour les États dans lesquels le système métrique est obligatoire, par deux pour ceux où il est facultatif et par un pour les autres[1]. La somme des produits ainsi obtenus fournit le nombre d'unités par lequel la dépense totale est divisée. Le quotient donne la somme due pour chaque million d'habitants. Ce mode de répartition a été appliqué soit au capital de 400,000 fr. destiné aux frais de premier établissement, soit aux dépenses annuelles. Ces dernières représentent, depuis plusieurs années, des

---

[1] Il peut paraître surprenant que des États chez lesquels l'emploi du système métrique n'est ni obligatoire, ni facultatif, contribuent aux frais du Bureau. Tel est cependant le cas pour la Russie et le Danemark.

parts contributives échelonnées entre 13,751 et 202 fr.

Ces redevances sont perçues par le Ministère des Affaires étrangères de France et versées à la Caisse des dépôts et consignations, d'où on les retire au fur et à mesure des besoins. Malheureusement elles ne sont pas toujours payées régulièrement. En 1889, par exemple, il était dû de ce chef 100,000 fr. d'arriéré. Ces sortes de retard ont mis presque constamment le Comité dans l'embarras, d'autant que, pendant les premières années, les frais ont été plus élevés qu'on ne l'avait prévu. On avait cru pouvoir se contenter de 75,000 fr. par an, et il fallut aller jusqu'à 100,000 fr. Cela même ne suffit pas, et le Comité dut faire appel à la générosité des États associés. Il sollicita d'eux un don extraordinaire de 100,000 fr., mais ne l'obtint qu'en partie.

En 1889, la Conférence générale, tenant compte de ces difficultés financières, prolongea fictivement, jusqu'à la fin de 1892, la période dite de création, pendant laquelle le Comité a la faculté de réclamer des contribuables jusqu'à 100,000 fr. chaque année, et, pour la suite, elle porta le taux normal de la subvention de 50,000 à 75,000 fr. Elle décida, en outre, que les États qui n'auraient pas payé leur taxe pendant trois années consécutives ne seraient plus comptés dans le calcul du partage des charges, et cesseraient en même temps d'être admis à réclamer les services du Bureau.

Depuis que celui-ci est entré dans la phase normale qui devait succéder à celle, temporaire, de la détermination des prototypes internationaux, son activité ne s'est point ralentie. On en peut juger par le fait qu'il compte encore huit fonctionnaires et employés, et que la Commission internationale a continué à se réunir annuellement, bien que le règlement l'autorisât à ne siéger que tous les deux ans. On s'est rendu compte aussi qu'il était désormais à l'abri des aventures financières et pourrait vivre avec la subvention qui lui est allouée. Tout cela ne prouve-t-il pas que ceux qui l'ont imaginé ont été bien inspirés, et qu'il a devant lui un bel avenir ?

IV

BUREAU INTERNATIONAL
DE L'UNION

POUR LA

PROTECTION DE LA PROPRIÉTÉ INDUSTRIELLE

———♦♦———

Les Bureaux internationaux dont est parsemée la ville de Berne ne sont pas tous, comme ceux dont j'ai déjà retracé la physionomie, voués aux matières de droit public. Il en est qui s'occupent de droit international privé et rendent dans cette sphère des services signalés. Le « Bureau international de l'Union pour la protection de la propriété industrielle » est de ce nombre; par ses caractères extérieurs il ressemble, d'une manière frappante, à ceux des télégraphes et des postes, mais il s'en distingue, dans une certaine mesure du moins, par la nature du travail dont il s'acquitte. Quelques considérations générales sur ce qu'on nomme improprement la « propriété industrielle » et sur l'Union qu'ont formée entre eux plusieurs États en vue de sa protection sont ici nécessaires, pour l'intelligence des dispositions législatives qui concernent le Bureau dont l'effort se porte sur cet objet.

Garantir la propriété individuelle sous toutes ses formes est un dessein que se sont proposé, de temps immémorial, les hommes de progrès les plus dignes de ce nom. On peut dire que le degré de civilisation auquel un peuple est parvenu se mesure exactement à la dose de sécurité avec laquelle chacun des individus qui le composent jouit de ce qui est à lui, avec l'assistance du corps social dont il fait partie. Chez toute nation policée, la vie des hommes et leurs biens tangibles sont placés sous l'égide de lois civiles et pénales qui les protègent, plus ou moins complètement, contre les atteintes de toutes sortes auxquelles les exposent les vices de l'humanité.

Mais l'activité de l'homme, en se développant et en se diversifiant, a amené la création de valeurs immatérielles, dont la privation ne lui est pas moins préjudiciable que si on lui enlevait des moyens d'existence plus palpables. Le droit des ouvriers de la pensée sur le fruit de leur labeur n'a cependant pas été toujours reconnu comme l'équité l'aurait voulu, malgré les réclamations des intéressés ; la question n'est entrée dans une phase aiguë, que depuis que, par suite du développement des relations internationales auquel assiste la génération actuelle, les larcins étant devenus plus aisés, le mal a atteint des proportions colossales. Les spoliés ont alors protesté en masse et réclamé une législation tutélaire. Il a fallu néanmoins bien des années avant que la justesse de leur demande, quelque bien fondée qu'elle fût, ait été reconnue et qu'on leur ait accordé la satisfaction qu'ils réclamaient. Aujourd'hui encore des lois de ce genre n'existent pas partout, et celles qui ont été promulguées dénotent une assez grande diversité de doctrines chez ceux qui les ont adoptées.

Le nombre des États qui ont souci de conserver à leurs ressortissants, sur les produits intellectuels qu'ils ont créés, des droits qu'en toute justice on ne saurait leur dénier, s'accroît sans cesse, mais ce n'est encore là que la moitié de la tâche à accomplir. Le but ne sera réellement atteint que lorsque les idées, sous la forme que leur ont donnée ceux qui les ont conçues, ne pourront être reproduites, ni dans leur pays d'origine ni ailleurs, sans la permission de leur auteur, car l'exploitation déloyale d'une invention au loin peut faire autant de tort à l'ayant droit que si on l'effectuait dans son voisinage.

Ce postulat de la conscience a provoqué, entre diverses puissances, des traités qui ont résolu le problème partiellement, en sauvegardant les droits de leurs nationaux respectifs, mais l'utilité de ces timides essais était presque illusoire, tant que, dans d'autres territoires que ceux des États contractants, une liberté illimitée régnait à cet égard. Une alliance générale des gouvernements pouvait seule mettre un terme aux méfaits dont on se plaignait. Il fallait enlacer tous les pays producteurs dans un réseau de prohibitions où, si possible, aucune maille ne manquât, et exercer, dans l'intérêt commun, une surveillance sévère, qui réduisît les plagiaires à l'impuissance.

Ce furent des industriels qui, les premiers, s'avisèrent de chercher dans une association des gouvernements un remède à la situation dont ils souffraient. Réunis à Vienne, en 1873, pour s'occuper de leurs intérêts professionnels, ils émirent le vœu qu'une semblable entente s'établit. Puis, dans une session subséquente, à Paris en 1878, ils renouvelèrent l'expression de leur désir et prirent des mesures pour en hâter l'exaucement. Un Suisse, M. Bodenheimer, leur avait montré l'Union générale des postes, tout récemment formée alors, comme offrant un type d'arrangement à imiter en faveur de la protection industrielle, et un modèle de convention fut élaboré sur cette base.

Cependant deux ans se passèrent encore avant que le monde officiel consentît à prendre l'affaire en main. En 1880, la France invita les gouvernements bien disposés à se concerter, dans une conférence convoquée à Paris. Ils tombèrent d'accord sur la rédaction d'un traité, qui, toutefois, ne fut pas considéré comme définitif. On le donna pour un simple avant-projet, sans valeur légale tant qu'il n'aurait pas été soumis à une nouvelle délibération. Celle-ci eut lieu en 1883, dans une seconde conférence, tenue, comme la première, à Paris, et où l'instrument diplomatique qui consacrait la fondation de « l'Union pour la protection de la propriété industrielle » fut signé, le 20 mars, par les représentants de onze puissances. Aujourd'hui cette Union compte seize membres.

Elle se proposait un double but. Ligue défensive avant tout, sorte d'assurance mutuelle contre les usurpateurs de toute espèce, elle accordait, dans chaque pays, aux brevets d'invention, aux dessins et modèles industriels, aux marques de fabrique et aux noms commerciaux appartenant à des étrangers ressortissants des États de l'Union, les mêmes garanties qu'à ceux des nationaux. Elle pouvait, sans attenter à la législation particulière de ses membres, proclamer ce principe supérieur de réciprocité, dont l'adoption constituait déjà un très notable progrès. Mais elle allait plus loin ; elle établissait certaines règles générales applicables chez tous les contractants et tendant à uniformiser leurs lois. Quant à l'obtention d'une uniformité complète, on n'y avait pas même songé. Les conceptions juridiques des diverses races étaient trop inconciliables pour que cet idéal pût être atteint du premier coup, mais on l'admit comme une visée lointaine, dont on sentait que l'existence même de l'Union favoriserait la poursuite.

Cette perspective fit comprendre la nécessité de revoir de temps en temps le texte de la Convention, afin d'y introduire graduellement les améliorations concédées par l'esprit public dans sa marche ascendante vers le mieux. On procéda une première fois à cette revision à Rome en 1886, mais ce fut sans succès, les résolutions prises n'ayant pas reçu l'adhésion générale des États unionistes. Elle fut reprise à Madrid en 1890 et donna alors naissance à quatre projets, sanctionnés dans la même ville en 1891, par une assemblée de diplomates. Ces projets, dont plusieurs ne constituent que des unions restreintes, conformément à l'exemple donné par l'Union postale [1], sont soumis en ce moment à la ratification des États. La conférence suivante, dont la date n'est pas encore fixée, se tiendra à Bruxelles.

À Paris, en 1880, on tenait avant tout à constituer une « Union. » C'était la préoccupation dominante du législateur, qui semblait attacher plus de prix à ce fait, comme marque d'une solidarité d'in-

---

[1] Voy. p. 40.

térêts trop méconnue jusqu'alors, qu'au choix des moyens à mettre en œuvre pour obtenir un résultat positif. L'entreprise reposait sur une idée morale, que ses partisans pensaient ne pas pouvoir faire triompher sans unir étroitement leurs efforts. Pour donner du poids à leurs protestations, contre ce qu'ils tenaient avec raison pour des violations du droit individuel, ils prirent donc un nom collectif.

On comprend, à la rigueur, que la formation de l'Union pour la protection de la propriété industrielle ait pu être votée avant qu'on sût au juste quel serait son programme, car elle avait en vue un objet précis; mais ce qui paraît plus surprenant, c'est qu'on l'ait pourvue d'un organe central, d'un Bureau international, à un moment où l'on en était encore à se demander ce qu'on pourrait bien lui donner à faire. Chacun déclarait à l'envi, au sein de la conférence, que l'Union, sans ce Bureau, serait « un corps sans tête; » qu'il lui était « indispensable » et apparaissait comme « la conséquence naturelle et forcée » du contrat d'association qu'on était en train de rédiger; l'Union, disait-on, « ne pourrait vivre et se développer sans lui; » il serait « un lien vivant » entre ses membres, « le pivot autour duquel viendraient rayonner toutes les administrations; » il servirait en tous cas à « affirmer l'existence de l'Union » et apparaîtrait comme « l'incarnation de l'idée » qui donnait naissance à celle-ci. Ces considérations, quelque péremptoire que fût le ton de ceux qui les présentaient, ne persuadèrent pas tous leurs auditeurs, car la création du Bureau ne fut décidée, en premier débat, qu'à la majorité de treize voix sur dix-neuf.

La conséquence de cette résolution, à laquelle la minorité ne s'était montrée contraire que parce qu'elle la trouvait prématurée, fut que l'on ne sut comment évaluer *à priori* les frais du Bureau. Aussi, au lieu de proportionner ses ressources financières au coût probable de son fonctionnement, ce qui eût été rationnel, on intervertit cet ordre logique, et l'on attribua arbitrairement au Bureau un revenu maximum de 2000 francs par État, en moyenne, en ne réclamant de lui que le travail qu'il pourrait faire pour ce prix.

Dans un « Protocole de clôture » cependant, protocole dont la teneur fut empruntée presque toute entière aux conventions postale et télégraphique, on mit quelque peu les points sur les i. On s'accorda pour que le Bureau

1° Centralisât les renseignements de toute nature relatifs à la protection de la propriété industrielle et les réunît en une statistique générale ;

2° Procédât aux études d'utilité commune ;

3° Rédigeât une feuille périodique en langue française ;

4° Se tînt à la disposition des membres de

l'Union, pour leur fournir les renseignements spéciaux dont ils pourraient avoir besoin ;

5° Concourût à la préparation des travaux de
chaque conférence, avec l'Administration du pays
où elle devrait se tenir ;

6° Présentât un rapport annuel sur ses travaux.

On recula devant la pensée d'exiger de lui la
publication d'un recueil de tous les brevets pris
dans les pays de l'Union, mais on émit le désir
qu'il en publiât au moins un catalogue méthodique.

À ces attributions les conférences subséquentes
en ont ajouté d'autres.

Il était arrivé que, quoique le Bureau ne fût
tenu de fournir des informations qu'aux administrations associées, beaucoup de particuliers avaient
pris l'habitude de lui en demander, et jamais elles
ne leur avaient été refusées. Aussi jugea-t-on
convenable de régulariser ce service extra-légal,
qui s'imposait comme une nécessité. À Rome, en
1886, on arrêta que, moyennant une légère rétri-
bution, les particuliers domiciliés dans le territoire
de l'Union seraient autorisés à consulter le Bureau
international. On considéra que ce Bureau ayant
été en fin de compte institué en leur faveur, son
but ne serait pleinement atteint que si les lumières
dont il s'entoure rayonnaient jusqu'à eux.

La conférence de Madrid innova davantage en
1891. La Convention tolérant des arrangements
spéciaux entre une partie seulement de ses signa-

taires — à la condition que les autres puissent s'y
joindre en tout temps — il se forma une de ces
unions restreintes entre neuf États, pour créer un
enregistrement international des marques de fabrique et de commerce. Cet enregistrement sera fait
au Bureau de Berne, qui devra procéder à l'inscrip-
tion immédiate des marques déposées entre ses
mains par l'intermédiaire des administrations des
pays contractants, et publier, dans un supplément
de son journal, les marques enregistrées. Les
mêmes formalités ont été prescrites pour les annu-
lations, radiations, renonciations, transmissions
et autres changements apportés aux marques de
fabrique dans leur pays d'origine. L'administration
de ce pays est tenue de les notifier au Bureau
international, qui les enregistre et les publie.

Cette fonction nouvelle a élevé d'une manière
appréciable, sur l'échelle administrative, le Bureau
international qui, à côté du rôle important qui lui
est assigné pour l'organisation et dans les travaux
des conférences, ne dépassait guère les limites
d'un office de renseignements, n'exerçant qu'une
action latérale sur la marche des services auxquels
il se rattache. Il est devenu depuis peu un agent
direct d'administration. On n'avait point encore
osé faire du recours à l'un des bureaux de Berne
une des formalités de la procédure internationale.
Ceux qui, contrairement aux usages reçus, ont
investi de ce privilège le Bureau de la propriété

industrielle ont fait preuve d'une certaine hardiesse; mais personne ne les en a blâmés, et le succès qui attend cette organisation encouragera, espérons-le, à tenter de nouveaux essais du même genre.

Je n'ai pas encore trouvé l'occasion de dire que si le Bureau se trouve à Berne plutôt qu'ailleurs, c'est que la France en avait manifesté le désir motivé. « On propose, » avait dit son représentant, « de placer à Berne l'Office international, parce qu'il existe déjà dans cette ville deux offices internationaux, l'un pour les postes et l'autre pour les télégraphes, qui fonctionnent admirablement. Les résultats obtenus sont de telle nature, qu'on ne pourrait que se féliciter si la Suisse acceptait la mission qui lui est offerte. » Ce pays n'ayant pas de compétiteur dans cette circonstance, son élection ne fut pas disputée. Le Conseil fédéral, de son côté, pressenti sur ses dispositions, avait fait savoir qu'il était prêt à acquiescer au vœu de la Conférence. Il y voyait, comme il l'a dit plus tard, « la preuve d'une grande estime pour la Suisse et d'une confiance parfaite en ses institutions et sa moralité. »

La malencontreuse décision dont j'ai parlé plus haut, relative à la dotation du Bureau, a jusqu'ici paralysé notablement son activité, car ses ressources étaient trop restreintes pour qu'il osât se hasarder à entreprendre des travaux de quelque importance. Aussi demeura-t-il quelque temps à l'état embryonnaire, ses affaires étant expédiées par un employé du Département suisse du commerce et de l'agriculture, jusqu'en 1885, époque à laquelle un fonctionnaire international fut nommé, avec un aide en sous-ordre. Cette situation provisoire prit fin lorsque l'Union pour la protection des œuvres littéraires et artistiques[1] eut à créer pour elle-même un Bureau international à Berne. Une heureuse combinaison permit alors d'organiser ce double service dans d'excellentes conditions d'économie, par l'affectation d'un même local et d'un même personnel au service des deux Bureaux. Il ne parut même pas nécessaire de placer à leur tête un directeur, un secrétaire général pouvant suffire pour les gérer. Le Conseil fédéral prit un arrêté dans ce sens, et le Bureau de la propriété industrielle put vivre de sa vie propre dès le 1er janvier 1888. Plus tard, à Madrid, ses finances furent mises sur un meilleur pied. On lui ouvrit un crédit annuel de 60,000 francs, et l'on convint que ses frais seraient répartis entre les États contractants de la même façon que ceux des autres Bureaux. En 1890 il n'a dépensé cependant que 26,410 francs.

Il y a peu de particularités intéressantes à signa-

___

[1] Voy. p. 93.

ler relativement à ses actes passés, dont le principal est la publication du journal *La Propriété industrielle*, qui paraît le premier jour de chaque mois. Ce recueil, auquel le Bureau a voué des soins attentifs, s'est développé graduellement et a maintenant des collaborateurs dont le concours lui donne beaucoup de prix. Ce n'est pas sans peine non plus que le Bureau a réussi à se procurer les documents que les États de l'Union doivent lui faire parvenir, car souvent les uns ou les autres oublient de les lui envoyer. Même les tableaux statistiques, dont il leur fournit le cadre, dressé d'après un questionnaire adopté par la Conférence de Rome, ne lui reviennent pas toujours ponctuellement. En dépit de ces déficits, qui mettent parfois le Bureau dans l'embarras pour répondre aux questions qu'on lui adresse, et qui le privent d'informations sur lesquelles il avait le droit de compter pour la rédaction de son journal, il vit et s'acquitte de sa tâche à la satisfaction de ses commettants.

V

BUREAU

DE

L'UNION INTERNATIONALE

POUR LA PROTECTION DES

ŒUVRES LITTÉRAIRES ET ARTISTIQUES

Lorsqu'on fonda l'Union pour la protection de
la propriété industrielle, on pressentit qu'elle rece-
vrait à courte échéance un complément naturel,
qui embrasserait aussi les autres manifestations
de la vie intellectuelle. En garantissant aux créa-
teurs, dans le domaine industriel, l'exercice de
certains droits résultant du travail de l'esprit et
que la science juridique leur reconnaît, on s'enga-
geait implicitement à traiter de même une autre
classe d'inventeurs, victime, elle aussi, d'actes de
piraterie innombrables : celle des littérateurs et

des artistes. Ses avocats virent dans ce précédent un encouragement à redoubler de zèle, afin d'obtenir en faveur de leurs clients une loi internationale analogue à celle qu'on venait de promulguer. De même que la propriété industrielle, la propriété littéraire et artistique, ou du moins ce que l'on désigne communément sous ce nom trompeur, avait bien donné lieu, dans le cours du dix-neuvième siècle, à plusieurs traités, mais cette législation fragmentaire laissait subsister, dans la réglementation de la matière, des lacunes et une grande diversité. On n'y voyait de remède que dans la reconnaissance universelle du droit des auteurs sur leurs œuvres, sans distinction de nationalité, et dans l'accord de tous les États pour l'adoption de principes dirigeants identiques.

Une « Association littéraire internationale » s'était fondée à Paris en 1878, avec l'intention « de propager et de défendre, dans tous les pays, les principes de la propriété intellectuelle, d'étudier les conventions internationales et de travailler à leur perfectionnement. » En 1883 elle siégeait à Berne et y élaborait un projet de convention générale qui, si on l'adoptait, serait, pensait-elle, le triomphe des idées qu'elle avait le plus à cœur de faire prévaloir, quoiqu'une partie notable de ses desiderata fût réservée pour l'avenir. Le Conseil fédéral suisse en fut nanti, et l'Association l'invita à prendre l'initiative nécessaire pour la création d'une Union internationale sur cette base.

Cette démarche reçut le meilleur accueil du corps auprès duquel elle était faite. Elle eut pour conséquence la réunion à Berne, le 8 septembre 1884, d'une conférence diplomatique, qui accomplit l'œuvre de justice après laquelle les hommes voués au culte des lettres et des arts soupiraient depuis longtemps. Une convention fut rédigée, mais on en ajourna la signature, et elle ne devint définitive qu'après avoir été examinée de nouveau par deux autres conférences officielles, tenues à Berne en 1885 et 1886. Elle porte la date du 9 septembre 1886.

L'une de ses plus importantes dispositions est celle qui constitue les adhérents en « Union internationale pour la protection des œuvres littéraires et artistiques. » Il faut entendre par ces derniers mots : « les livres, les brochures et tous autres écrits ; les œuvres dramatiques ou dramatico-musicales ; les compositions musicales avec ou sans paroles ; les œuvres de dessin, de peinture, de sculpture, de gravure ; les lithographies, les illustrations, les cartes géographiques ; les plans, croquis et ouvrages plastiques relatifs à la géographie, à la topographie, à l'architecture ou aux sciences en général ; enfin toute production quelconque du domaine littéraire, scientifique ou artistique, qui

pourrait être publiée par n'importe quel mode
d'impression ou de reproduction. » Ainsi fut créé,
entre les intéressés, un lien qui est une force pour
la propagande à poursuivre, et aussi, comme on
l'a dit, « une affirmation éclatante de la conscience
universelle en faveur du droit d'auteur. » L'Union
embrasse déjà onze États, peuplés de cinq cents
millions d'habitants.

Comme gage de bonne confraternité, les contractants se sont promis réciproquement de concéder à leurs ressortissants tous les droits que la loi
particulière de chacun d'eux accorde à ses nationaux, de telle sorte qu'il règne partout une complète égalité entre étrangers privilégiés et régni-
coles.

Quant aux autres progrès réalisés par le traité
de 1886, je ne saurais les exposer dans de meil-
leurs termes que ne l'a fait le président des trois
conférences successives, M. Numa Droz ; aussi je
me permettrai d'en emprunter l'énumération à
l'un de ses discours.

Après la création d'une Union, qui prime tout le
reste, viennent, dit-il, « la suppression des formalités multiples qu'un auteur doit remplir actuellement, s'il veut se faire protéger partout ; la suppression du délai de trois années, dans lequel une
traduction devait avoir paru pour être protégée ;
l'unification du droit de reproduction, pour les
articles de journaux et recueils périodiques ; la

protection expresse des œuvres dramatiques et
dramatico-musicales; l'assimilation aux contrefaçons serviles de ces nombreuses appropriations
indirectes qui, sous une forme perfide, tendent à
dépouiller l'auteur du fruit de son travail; l'établissement de présomptions claires et précises pour
l'ouverture de l'action judiciaire; la reconnaissance explicite d'unions restreintes; enfin l'organisation d'un Bureau international. »

Arrêtons-nous sur ce dernier point, qui est
l'objet spécial de notre étude.

La pensée d'un Bureau international se rencontrait déjà dans le projet rédigé par l'Association
littéraire internationale en 1883, et elle a passé
victorieusement au travers de toutes les discussions, jusqu'au texte en vigueur maintenant, où on
la retrouve. C'est sur la proposition de la France,
et avec l'assentiment unanime des participants,
que le siège de ce Bureau a été fixé à Berne, sans
qu'on ait eu à alléguer, en faveur de cette décision,
d'autres raisons que les services déjà rendus par
les trois bureaux préexistants dans la même ville.
La Suisse se déclara fière d'avoir été jugée digne
de poursuivre ainsi la réalisation d'une œuvre à
l'enfantement de laquelle elle avait eu l'honneur
de présider.

Les attributions du Bureau artistico-littéraire
sont les mêmes que celles qui furent données ori-

ginairement au Bureau de la propriété industrielle [1], c'est-à-dire celles qui forment le fond
invariable du travail de tous les Bureaux antérieurement établis à Berne. Réduit à ce minimum il a
encore une belle tâche à remplir.

Je dirai, à ce propos, qu'il ne serait pas juste,
selon moi, de mesurer la valeur ou l'utilité des
divers Bureaux à la variété ou à l'étendue des travaux qu'ils accomplissent. Ils diffèrent trop par la
nature des objets dont ils s'occupent, pour qu'un
même critère leur soit indistinctement applicable.

Ils se ressemblent peu, d'ailleurs, par la situation
qui leur est faite, et cette circonstance entraîne
forcément pour eux une diversité d'allures. Le
Bureau postal et celui des télégraphes sont comme
le noyau central de services publics qui se rami-
fient dans le monde entier. Les Unions pour le
compte desquelles ils agissent sont essentiellement
d'intérêt général, et ce n'est que par l'action du
pouvoir exécutif qu'elles atteignent leur but, qui
est une meilleure organisation administrative. Les
Unions industrielle et littéraire, celle-ci surtout, se
meuvent au contraire dans des cadres officiels fort
restreints. Les intérêts qu'elles ont à soutenir sont
ceux de certaines catégories de particuliers prises
en bloc, et toutes leurs aspirations tendent au perfectionnement de la loi civile? Aussi ne cherchent-

1 Voyez, p. 82.

elles guère à agir que sur le législateur, par le moyen de l'opinion publique. Il s'en suit que, tandis que les Bureaux internationaux des télégraphes et des postes ont naturellement de nombreux points de contact avec les gouvernements dont ils relèvent et qui s'occupent des mêmes choses qu'eux, les Bureaux industriel et littéraire se trouvent fort isolés. Les administrations des pays contractants ne font qu'exceptionnellement appel à leurs services et ne sont guère placées de manière à les seconder. C'est donc une nécessité pour eux de chercher d'autres points d'appui. Il les ont trouvés dans les associations que forment entre eux les industriels, les écrivains, les artistes, pour le soin de leurs intérêts communs. C'est ainsi que le Bureau littéraire a noué des relations avec plusieurs d'entre elles, principalement avec l'Association littéraire et artistique internationale, qui, nous l'avons vu, a fait en quelque sorte l'Union à son image, et qui est restée son inspiratrice habituelle.

Le Bureau littéraire a donc essentiellement, comme on vient de le voir, une tâche de propagande à accomplir. Il doit suivre les progrès qui se font dans les esprits, provoquer les perfectionnements à apporter au système de l'Union, préparer l'unité de législation qui est son but principal, recueillir enfin les décisions judiciaires qui peuvent servir à contrôler l'application de la Convention, ainsi qu'à montrer aux intéressés les écueils à éviter. De cette simplicité du programme du Bureau découle celle que présentent ses actes. C'est vers la publication de son journal mensuel *Le Droit d'auteur*, qui paraît le premier de chaque mois, que convergent presque tous ses efforts. Il centralise entre ses mains, non sans peine, les sources d'information, officielles et autres, concernant les publications de tout genre et les œuvres d'art, telles que les lois et règlements qui s'y rapportent, les décisions des tribunaux, des données statistiques sur le mouvement littéraire et artistique, sur le commerce de la librairie, etc. Ces matériaux alimentent le journal, où trouvent place des études propres à conduire à l'interprétation uniforme de la Convention, et à rapprocher celle-ci des lois intérieures. Cet organe contient aussi des articles dûs à des écrivains compétents sur les questions à l'ordre du jour, car ses rédacteurs se sont proposé d'en faire une tribune ouverte à toutes les opinions sérieuses. Il n'est publié qu'en français, mais les signataires de la Convention se sont réservé d'autoriser une ou plusieurs éditions en d'autres langues, si l'expérience en démontrait la convenance.

Les études entreprises par le Bureau à la demande d'États de l'Union ont été très rares jusqu'à ce jour. Quant au travail que doivent lui occasionner les conférences révisionnistes prévues par la Convention, il n'en est qu'à ses débuts, la première de ces réunions devant probablement avoir lieu à Paris en 1893.

Le Bureau littéraire et artistique, qui a été ouvert le 1er janvier 1888, est placé, comme le Bureau industriel, sous la haute surveillance du Département des affaires étrangères de la Confédération suisse. Son personnel, on l'a déjà vu, est le même que celui du Bureau industriel, plusieurs États membres des deux Unions ayant témoigné le désir que leurs deux Bureaux fussent placés sous une direction unique. Il se compose d'un secrétaire général et de trois aides. Les frais généraux de ce Bureau mixte sont supportés par les deux Unions, qui en paient chacune la moitié. Ceux du Bureau littéraire sont restés jusqu'ici bien au-dessous des prévisions. Ils ne dépassent guère 20,000 francs par an, sur un crédit de 60,000 francs. Pour la répartition de cette charge entre les États contractants, le système admis par les autres Unions ayant paru trop compliqué[1], on s'était, à

---

[1] Voici quel est ce système. Les pays contractants ou adhérents sont divisés en six classes, contribuant chacune dans la proportion d'un certain nombre d'unités, savoir :

1re classe... 25 unités.	4me classe... 10 unités.
2me « 20 »	5me » 5 »
3me » 15 »	6me » 3 »

Ces coefficients sont multipliés par le nombre des pays de chaque classe, et la somme des produits ainsi obtenus fournit

l'origine, proposé d'y renoncer et de taxer chacun proportionnellement au chiffre de sa population, mais au moment de signer le traité on se ravisa, et l'on revint au mode habituel. Calculée de cette manière, la contribution la plus élevée a été jusqu'ici de 3650 francs et la plus faible de 375 francs; mais on doit s'attendre à un allégement de cette redevance, à la suite d'un appel que le Conseil fédéral vient d'adresser aux États non-unionistes, pour les engager à entrer dans l'Union. Il est probable que cette démarche, sollicitée par l'Association littéraire internationale, ne restera pas sans effet, et que bientôt la somme nécessaire à l'entretien du Bureau pourra être divisée entre un plus grand nombre de gouvernements.

le nombre d'unités par lequel la dépense totale doit être divisée. Le quotient donne le montant de l'unité de dépense.

VI

BUREAU CENTRAL

DE

L'ASSOCIATION GÉODÉSIQUE
INTERNATIONALE

———◆◆◆———

Déterminer, aussi exactement que le permettent les moyens d'investigation dont l'homme dispose, la forme et les dimensions de la terre, c'est ce que se proposent les géodésiens, et c'est au succès de leurs recherches que concourt l'Association géodésique internationale, dont l'ordre chronologique de mes études m'appelle à m'occuper maintenant. Elle va nous ramener sur le terrain scientifique, où le Bureau des poids et mesures nous a déjà conduits à faire une incursion, mais nous n'y touche- rons qu'autant que nous le pourrons sans nous servir du langage, peu intelligible pour des pro- fanes, qu'emploient, en parlant de cette branche des connaissances humaines, les savants initiés à ses hautes spéculations.

C'est au général prussien Baeyer que revient le mérite d'avoir proposé le premier une Union internationale pour hâter la solution des problèmes relatifs à la mesure de la terre, et son initiative doit être rappelée, car ce fut elle qui conduisit à l'institution du Bureau international aujourd'hui existant. Elle remonte au 7 avril 1861, époque à laquelle ce mathématicien éminent exposa, dans une circulaire adressée à un certain nombre de gouvernements, un projet d'Association géodésique. Il ne leur proposait pas de se grouper pour faire des observations en commun, mais pour réunir, compiler et comparer les résultats de leurs opérations particulières, et pour se concerter en vue d'harmoniser leurs efforts. Ce programme de la première heure est encore celui dont se contente aujourd'hui l'Association, qui ne l'a modifié et étendu qu'en surface.

La conférence provoquée par le général Baeyer s'ouvrit à Berlin, sous sa présidence, le 17 octobre 1864. Quatorze États y étaient représentés. Elle se divisa en deux sections, géodésie et astronomie, et dressa une liste de questions à discuter, ainsi que de travaux qu'elle recommandait à ses membres d'entreprendre, chacun dans sa sphère d'action gouvernementale. Elle n'envisagea toutefois que les progrès géodésiques à réaliser dans l'Europe centrale. Ils suffisaient alors à son ambition.

Quant à l'organisation, on dota la Société nouvelle d'une « Commission permanente » de sept membres, pour diriger l'œuvre au point de vue scientifique, et d'un « Bureau central » instrument de la Commission. Cette dernière devait se réunir chaque année, et une Conférence générale s'assembler tous les trois ans. La Prusse mettant généreusement à la disposition de la Société toutes les ressources matérielles dont elle aurait besoin, on décida que le Bureau central serait établi à Berlin. Mais la Commission permanente et la Conférence ne furent point tenues d'élire domicile dans cette ville. En fait, elles ont siégé successivement dans divers pays, le Bureau ne constituant pas un centre d'attraction assez puissant pour qu'elles se privassent, à cause de lui, des avantages et des agréments de déplacements variés. Il est presque superflu d'ajouter qu'on a publié, dès l'origine, des comptes rendus de toutes ces assemblées.

Dès 1867, l'Association se sentit à l'étroit dans le domaine qu'elle s'était assigné, et résolut de s'occuper du continent européen tout entier. Le nombre de ses membres s'éleva, du même coup, de quatorze à dix-neuf. Ce fut aussi dans cette session qu'elle se prononça en faveur de la généralisation du système métrique, de la construction d'un nouveau mètre prototype et de la création d'un Bureau international des poids et mesures [1].

Lorsque la Conférence générale se tint de nouveau à Berlin, en 1886, le général Baeyer venait de mourir. Elle en prit occasion pour réaliser quelques réformes administratives. Le caractère universel des travaux géodésiques s'accentuant de plus en plus, elle n'hésita pas à déclarer qu'elle s'intéresserait à la mensuration de toute la surface du globe, et non plus seulement de l'Europe. Puis, un vent d'indépendance soufflant dans ses rangs, lui fit désirer de s'affranchir de la tutelle de la Prusse. Cet État lui avait rendu jusqu'alors de très grands services, qu'elle était loin de méconnaître, en consentant à ce que le Bureau central fût annexé à son Institut géodésique et profitât de ce voisinage, comme aussi en déchargeant l'Association de tout soin pécuniaire, puisqu'il s'était constitué son bailleur de fonds, avec un désintéressement complet. Mais la contre partie de ces faveurs avait été une certaine prépondérance exercée par la Prusse dans la direction des affaires, et, chaque État, jaloux de sa dignité, voulait avoir une part d'influence proportionnée à son importance dans la gestion des intérêts communs.

Le gouvernement prussien pressentant ces aspi-

---

[1] Voy. p. 58.

rations et les trouvant légitimes, avait élaboré un projet de convention, et l'avait communiqué aux puissances dans le courant de l'été. Il comportait de leur part des engagements précis, et devait, dans la pensée de son auteur, être substitué aux articles surannés des anciens « Statuts organiques » qui avaient jusqu'alors servi de base à l'institution. Généralement approuvé, cet acte fut soumis à la Conférence, qui le ratifia au mois d'octobre, en vertu de l'autorité que ses commettants lui avaient conférée.

C'est en considération des nouvelles conditions d'existence qui furent faites alors au Bureau central, que j'ai pu l'envisager comme faisant partie, depuis ce moment-là seulement, de la famille des Bureaux internationaux.

La Commission permanente, accrue de deux et, plus tard, de trois membres, — ce qui a porté le nombre de ceux-ci à douze, — conserva la direction scientifique et fut autorisée à correspondre avec les gouvernements, par l'entremise de leurs représentants à Berlin. Quant au Bureau, qui dut continuer à lui prêter son concours, voici comment le règlement qui le concerne définit ses attributions :

« Il administre et garde les archives, la bibliothèque et les collections de l'Association, conformément aux prescriptions de la Commission permanente.

« Il aide les rapporteurs spéciaux nommés par la Conférence générale pour les différentes branches des travaux de l'Association, en rassemblant et en classant les matériaux des différents pays nécessaires à leurs rapports.

« Il aide le secrétaire perpétuel dans la publication des *Comptes rendus*, pour autant qu'il le demande, en rassemblant les rapports des délégués des différents pays sur les progrès accomplis dans les travaux géodésiques se rapportant à l'œuvre de l'Association.

« Il réunit toutes les données nécessaires pour pouvoir présenter, à la demande de la Commission permanente, des rapports, systématiques et disposés par matières, sur l'état des travaux de l'Association.

« Sous le contrôle de la Commission permanente, il exécute les travaux et conduit les négociations nécessaires, afin d'obtenir l'uniformité voulue pour les mesures géodésiques et astronomiques.

« Il a l'obligation de se tenir au courant de toutes les publications sur la géodésie, et de suivre les progrès théoriques et pratiques de la science, de façon qu'il puisse remplir réellement sa mission d'organe exécutif de la Commission permanente, et qu'il puisse, à côté des fonctions définies dans les articles précédents, satisfaire à toutes les exigences que les Conférences générales et la Commission permanente seraient dans le cas de lui demander, dans l'intérêt de leurs travaux géodésiques et astronomiques. »

Le Bureau central tient, comme on le voit, une place considérable dans le fonctionnement de la Société. On ne le sépara pas, en 1886, de l'Institut géodésique prussien, auquel il était annexé, que l'on reconstituait précisément à ce moment-là, et qui lui était fort utile. Le Directeur de cet Institut devint même de droit Directeur du Bureau et membre de la Commission permanente, avec obligation de présenter à celle-ci un rapport annuel. Mais on créa d'autre part un poste de secrétaire perpétuel. Ce nouveau fonctionnaire devait collaborer avec le Directeur, sous la haute direction du Président de l'Association, de telle sorte que la marche imprimée au Bureau ne pût jamais se ressentir des tendances particularistes de l'un ou de l'autre de ses meneurs. Le secrétariat perpétuel fut confié à M. le Dr Hirsch, de Neuchâtel, qui était déjà l'un des deux secrétaires de l'Association depuis son origine, et qui l'était aussi de la Commission internationale des poids et mesures.

Le point sur lequel les réformateurs appuyèrent le plus fortement, fut la nécessité de donner à l'Association une véritable indépendance financière. Ses allures étaient toujours quelque peu gênées, quand, pour chacune de ses entreprises, il lui fallait puiser dans la bourse de l'État prussien.

Il n'y avait qu'un moyen de la sortir de cette fausse position : c'était d'astreindre ses membres à payer des contributions régulières. Il fut donc convenu que chacun des États concordataires verserait annuellement une certaine somme, équitablement calculée. Le budget ayant été limité à 20,000 francs au maximum, on taxa, pour y faire face :

A 300 fr. les pays qui avaient moins de 5 millions d'habitants ;

A 500 fr. les pays qui avaient de 5 à 10 millions d'habitants ;

A 1000 fr. les pays qui avaient de 10 à 20 millions d'habitants ;

A 2250 fr. les pays qui avaient plus de 20 millions d'habitants.

Cette échelle de répartition dut être modifiée quand de nouveaux États entrèrent dans l'Association. Aujourd'hui ses membres sont au nombre de 27, et l'on a pu alléger leurs charges. Aucun d'eux ne paie plus de mille francs.

Les contributions sont versées à la Caisse des Légations, à Berlin, par les représentants diplomatiques des puissances contractantes. Celles de ces dernières qui ont témoigné le désir de se libérer, par un paiement unique, de toutes leurs redevances, ont été admises à le faire, sur le pied d'une capitalisation de leur part contributive au 4% pendant dix ans, la Convention n'ayant été conclue que pour cette durée. Il se peut qu'elle soit renouvelée à son échéance, mais, comme la tâche de l'Association n'est pas indéfinie, et qu'on a même pressenti qu'elle serait achevée en 1896, il n'est pas impossible que, la nécessité d'une organisation spéciale pour l'objet qu'elle avait en vue ne se faisant plus sentir, elle se dissolve alors et que son Bureau se ferme.

VII

BUREAUX

RÉPRESSION DE LA TRAITE DES ESCLAVES AFRICAINS

Les institutions dont j'ai à parler dans ce chapitre diffèrent, par la pensée qui a présidé à leur naissance, de toutes celles de la même famille cosmopolite. Les intérêts moraux qui, dans une certaine mesure, se sont combinés avec des intérêts matériels pour susciter la plupart des Unions universelles, prédominent exclusivement dans celle dont la répression de la traite des esclaves africains est le but. C'est un sentiment humanitaire pur de tout alliage qui a été le mobile de cette œuvre, et qui demeure le seul levier de ceux qui l'accomplissent; elle est, de leur part, généreuse et désintéressée. Un tel caractère lui assigne, à mes yeux, un rang des plus élevés parmi les entreprises collectives des nations civilisées.

Je ne puis songer à retracer ici, à son occasion, l'histoire de toutes les tentatives faites, depuis 1815, pour lutter contre le fléau de la traite, mais je ne saurais me dispenser de rappeler quel concours de circonstances a amené la conclusion de l'Acte général de Bruxelles du 2 juillet 1890, Acte auquel se rattache l'existence des Bureaux dont je vais m'occuper.

La croisade entamée en 1888 par le cardinal Lavigerie, contre les chasseurs et les trafiquants de nègres, avait été suscitée par une recrudescence de la guerre d'extermination faite à cette race déshéritée, ou du moins par une publicité toute nouvelle donnée aux horreurs qui la caractérisent. La pitié, après avoir amené la création d'un certain nombre de sociétés anti-esclavagistes, s'empara aussi des gouvernements. La première pensée d'un effort commun de leur part pour déraciner le mal émana d'une société anglaise [1], vouée depuis longtemps à la poursuite de cet idéal, mais l'action diplomatique fut engagée conjointement par la Belgique et l'Angleterre. Ces deux puissances convoquèrent *ad hoc* une conférence à Bruxelles, où elle s'ouvrit, le 18 novembre 1889. Les dix-sept

___

[1] British and Foreign Anti-Slavery Society.

États qui y siégèrent ne parvinrent qu'après sept mois et demi de labeur à se mettre d'accord sur le texte d'un traité, au sujet duquel le dernier mot n'est pas encore dit. Certains parlements s'y sont montrés opposés et l'échange des ratifications s'en fait encore attendre. Néanmoins, comme une solution favorable se prépare, je crois pouvoir, sans témérité, admettre que la Convention de 1890 entrera prochainement en vigueur, et considérer par anticipation son contenu comme ayant une valeur légale.

Les mesures prescrites par elle pour empêcher la traite sur mer sont les premières que nous devions considérer. Une surveillance active sera exercée par les puissances contractantes dans la zone maritime où ce commerce se pratique encore, c'est-à-dire dans la partie de l'Océan indien qui baigne les côtes orientales de l'Afrique, celles de l'Arabie et celles de la Perse. Mais, pour être efficace, cette police navale exige que les diverses marines nationales, qui en seront chargées et qui la feront isolément, échangent entre elles de fréquentes communications. A cet effet, un « Bureau international maritime » a été créé à Zanzibar, avec faculté d'établir au besoin des « Bureaux auxiliaires, » ayant la même organisation, dans d'autres parties de la zone, notamment dans la mer Rouge. Chaque État pourra se faire représenter par un délégué au Bureau de Zanzibar. Celui-ci sera constitué dès que trois gouvernements auront désigné leur mandataire. Il élaborera un règlement fixant le mode d'exercice de ses attributions, et le soumettra à la ratification des puissances représentées dans son sein, lesquelles supporteront par parts égales les frais de l'institution. Un rapport sur les opérations du ou des Bureaux maritimes sera dressé au commencement de chaque année.

Le Bureau de Zanzibar a pour mission de centraliser tous les documents et renseignements qui seraient de nature à faciliter la répression de la traite dans la zone d'où elle est proscrite. Les puissances contractantes ont, de leur côté, promis de lui faire parvenir promptement plusieurs sortes de pièces essentielles. Ce sont :

1° Les modèles-types de certains papiers de bord adoptés par elles pour les bâtiments indigènes qui arborent leur pavillon, soit : le titre autorisant l'emploi de ce pavillon, le rôle d'équipage et le manifeste des passagers noirs.

2° Les documents justificatifs de toute arrestation d'un navire suspect faite par leurs marins.

3° La liste des autorités compétentes pour recevoir livraison des navires portant leur pavillon et pris en flagrant délit.

4° La copie des jugements et arrêts de condamnation rendus par leurs agents, à la suite d'arrestations irrégulières de navires comme suspects.

5° Tous les renseignements qu'elles possèdent et qui sont propres à amener la découverte des personnes adonnées aux opérations de la traite.

Le Bureau tiendra ses archives à la disposition des officiers de marine des puissances signataires en mission dans la zone, ainsi que d'autres autorités qui pourront être admises par leurs gouvernements respectifs à les consulter. En outre, il communiquera d'office, à l'autorité territoriale ou consulaire la plus proche de la puissance dont un navire arrêté en route aura arboré le pavillon, les documents justificatifs qui lui seront parvenus au sujet de cette arrestation.

L'utilité du Bureau maritime est évidente. Il peut fournir aux croiseurs et aux autorités de la zone, pour l'accomplissement de leur tâche, des lumières précieuses, qu'il était indispensable de mettre à leur portée en les réunissant à proximité du théâtre de leurs opérations. Les retards considérables qui seraient résultés de la nécessité de correspondre avec chaque gouvernement pour se les procurer auraient été extrêmement préjudiciables à l'œuvre poursuivie. L'obligation imposée au Bureau de rendre compte annuellement de ses travaux est, d'autre part, une exigence très naturelle. Il faut bien que les États signataires de la Convention sachent comment on l'applique et soient mis à même d'en apprécier l'efficacité. Or personne n'est mieux qualifié pour les renseigner à cet égard, du moins quant à ce qui se passe sur mer, que les gérants du Bureau de Zanzibar.

Les intéressés n'auraient cependant qu'une connaissance incomplète de ce qu'ils ont le droit de savoir, s'ils ne recevaient pas d'autres avis que ceux de ce Bureau. Le champ de la guerre contre les traitants embrasse, outre l'Océan, le continent africain tout entier, et ceux qui se sont enrôlés parmi les adversaires de ces cruels dévastateurs ont pris des engagements multiples. Ils ont promis de faire usage sur terre, plus encore que sur mer, d'armes variées, dont l'emploi simultané leur a été indiqué par la Conférence de Bruxelles comme le seul moyen de vaincre. Chacun s'en sert là où il peut exercer une action directe, et, s'il possède ailleurs quelque influence, il en use dans le même sens ; mais il ne lui est pas imposé de se concerter avec ses collaborateurs, et ses actions ne sont soumises à aucun contrôle. La campagne à laquelle tous concourent n'est pas conduite par une volonté unique, qui, jour après jour, harmonise les mouvements et leur imprime la direction la plus opportune. C'est là un inconvénient inhérent à la nature même de l'Union qu'ont formée les États contractants. Aucun d'eux n'a entendu lui sacrifier son indépendance, ni abdiquer en sa faveur ce qu'il tient pour des droits de souveraineté inaliénables.

A ce côté faible de l'entreprise il y a cependant

un remède partiel : c'est que les puissances unies s'instruisent réciproquement de ce qu'elles savent et de ce qu'elles font, touchant la grande question qu'elles aspirent à résoudre en commun. C'est bien le moins qu'elles se le disent. Aussi en ont-elles senti la convenance. Non seulement elles se sont engagées, en termes généraux, « à se communiquer tous les renseignements utiles pour combattre la traite, » mais encore elles se sont fait un devoir étroit de s'envoyer « dans la plus large mesure et le plus bref délai qu'elles jugeront possible » certains documents expressément spécifiés, savoir :

1° Le texte des lois et règlements d'administration existants ou édictés par elles en conformité de l'Acte de Bruxelles, lequel en prévoit un assez grand nombre.

2° Les renseignements statistiques concernant la traite, les esclaves arrêtés et libérés, le trafic des armes, des munitions et des alcools, dans les territoires de leur ressort.

Elles ont fait plus : elles ont décidé que l'échange de ces informations leur serait facilité, et s'effectuerait par le moyen d'un « Bureau spécial » établi à Bruxelles. C'est aussi là que devra parvenir le rapport annuel du Bureau de Zanzibar, complété, s'il y a lieu, par ceux de ses Bureaux auxiliaires. Tous ces éléments d'instruction seront réunis et publiés périodiquement, puis adressés aux puissances contractantes. Celles-ci ayant toutes, au point de vue moral et humanitaire, un intérêt égal à l'exécution du traité, bien que plusieurs d'entre elles ne soient appelées à y prendre aucune part active, supporteront par égales portions les dépenses « de bureau, de correspondance, de traduction et d'impression » que ce service entraînera. Ces frais seront recouvrés par les soins du Département des affaires étrangères de Belgique. On suppose qu'ils n'excéderont pas vingt à trente mille francs par an.

Les fascicules sortis des presses belges seront, ai-je dit, envoyés « à toutes les puissances contractantes, » mais je me plais à croire qu'en donnant cet ordre au Bureau, le législateur n'a pas eu la pensée de s'opposer à ce que cette publication capitale se répande davantage. Je ferai remarquer, à tout hasard, que, instrument d'échange entre les gouvernements, elle répondra en même temps à l'attente générale des philanthropes, nombreux à notre époque, dont l'initiative a déterminé le mouvement d'opinion auquel ces mêmes gouvernements ont obéi en se liguant pour la protection des indigènes de l'Afrique. Il n'est pas douteux, en particulier, que ce recueil ne soit d'un grand secours aux sociétés anti-esclavagistes, missionnaires et autres, qui, après avoir servi d'éclaireurs et de précurseurs aux États négrophiles, sur le terrain où ceux-ci viennent de se placer, ne demandent maintenant qu'à les seconder. Les puissances

auraient donc, de toute manière, tort de ne pas
les intéresser à leur cause, en leur permettant de
s'initier à leurs faits et gestes, et en ne leur dissi-
mulant ni leurs succès, ni leurs déceptions, si
elles en éprouvent.

Ce qui me donne l'espoir que la Convention sera
interprétée dans ce sens libéral, c'est que les États
membres de l'Union se sont réservé la faculté de
ne pas notifier au Bureau de Bruxelles tout ce qui
les concerne. Ils ne doivent, comme je l'ai dit, s'acquitter de cette obligration que « dans la plus large
mesure possible. » Ces mots, qui ont une portée
restrictive, ont été introduits dans le texte du traité
pour faire taire les scrupules de ceux qui ne voulaient pas s'exposer à être contraints de divulguer
des choses qu'ils estimeraient plus sage de taire.
On a reconnu qu'aucun gouvernement ne saurait
être tenu d'ouvrir toutes grandes les portes de ses
archives.

Si le service de la publicité n'a pas été entière-
ment centralisé à Zanzibar, c'est que, pour la transmission des documents qui émanent des gouvernements eux-mêmes et non de leurs administrations coloniales, il était plus commode d'avoir un
Bureau en Europe. Quant à la ville de Bruxelles,
si elle a été choisie pour en être le siège, elle l'a dû,
quoi qu'on en ait dit, moins au fait que la conférence s'est réunie dans ses murs, qu'à la part considérable et à l'initiative prises par la Belgique

dans l'œuvre de la répression de la traite. C'était
aussi un moyen de rendre au roi Léopold un hom-
mage mérité, pour tout ce qu'il a fait en faveur de
la civilisation de l'Afrique. Le baron Lambermont,
président de la conférence, la remercia au nom du
cabinet belge, qui déclara « accepter la tâche qu'on
lui offrait et apprécier hautement ce significatif
témoignage de confiance. »

Le Bureau de Bruxelles a, comme on l'a vu, des
attributions fort restreintes, mais peu s'en est fallu
qu'il n'en reçût de plus étendues et de plus importantes. Les partisans de cette tendance avaient pré-
senté un projet, qui a été longuement discuté et
qui, s'il n'a pas prévalu, a été cependant accepté à
titre de vœu par la Conférence. Il faut donc en
parler.

Le gouvernement anglais, quoique ne mettant
nullement en doute la bonne foi des signataires de
l'Acte de Bruxelles, estimait nécessaire qu'on
veillât à l'exécution de l'œuvre de la Conférence,
et il trouvait que cette tâche devait être confiée
à ceux-là mêmes qui avaient élaboré le traité.
D'autre part, il déclara qu'il n'attendait pas grand'-
chose de bon du Bureau maritime, fonctionnant
avec une complète indépendance; il le voyait déjà
étendant outre mesure sa compétence et se lançant
dans des dépenses excessives, si on le laissait faire.
Guidée par ce double motif, l'Angleterre demanda

qu'on imprimât au Bureau de Bruxelles un cachet
d'internationalité, en mettant à sa tête un « Conseil d'administration, » composé des représentants,
en Belgique, de celles des puissances signataires
qui désireraient y avoir un délégué. Ce Conseil
nommerait le personnel du Bureau et détermi-
nerait ses attributions, ainsi que sa rémunération.
Il se réunirait au moins deux fois par an. Sa mission consisterait à exercer un droit de contrôle sur
la gestion administrative et financière du Bureau
de Zanzibar, ainsi que des Bureaux auxiliaires qui
en dépendraient. Il en approuverait le règlement
organique et le budget. Un rapport serait dressé
chaque année, et formerait l'introduction du recueil
de pièces et de renseignements publié à Bruxelles.
Ce rapport se composerait d'un aperçu des documents de toute nature communiqués au Bureau,
d'un exposé de l'état d'exécution de l'Acte général,
des résultats obtenus et des lacunes constatées. La
rédaction du rapport appartiendrait au Bureau,
mais il serait soumis à l'examen et à l'approbation
du Conseil, en même temps que la comptabilité.

Ce système ne fut pas du goût de la Conférence.
La perspective d'un rapport qui serait « une œuvre
d'appréciation » et comme « un jugement public »
sur la conduite des gouvernements en cause, fit
l'effet d'un épouvantail. On y vit un germe de dis-
corde et on l'écarta. On le réduisit d'abord à n'être
qu'un « exposé analytique » et finalement une

simple « table analytique » des documents publiés.
Dès lors l'existence d'un Conseil d'administration,
qui eût été mieux nommé « Conseil de surveillance » devenait superflue, et toute l'économie du
plan venu d'outre-Manche fut bouleversée. On put,
avec quelque raison, prétendre que le Bureau de
Bruxelles ne serait plus dès lors « une institution
internationale. » On ne la qualifia même pas de
« Bureau central. » Revenant à sa conception première, on se contenta d'en faire un « Bureau
spécial, rattaché au Département des affaires étrangères de Belgique. » On lui donna ainsi, dit le
rapporteur, « une organisation exactement proportionnée à sa mission. »

Néanmoins, l'idée anglaise ne fut pas entière-
ment abandonnée. On admit qu'après une première période d'application du traité, les objections
qu'elle avait soulevées ne se présenteraient peut-
être plus; qu'il y avait là une question d'opportu-
nité, et que, prématurées en 1890, les mesures pro-
posées pourraient constituer un progrès acceptable
quelques années plus tard. En conséquence, il fut
décidé que le protocole porterait ce qui suit : « La
Conférence, ayant pris connaissance du projet que
la Commission avait préparé, sur l'initiative des
plénipotentiaires de la Grande-Bretagne, pour l'établissement d'un Bureau international qui serait
créé à Bruxelles, avec des attributions plus étendues que celles du Bureau central prévu au ch. V,

§ 2 de l'Acte général, afin de permettre aux puissances de veiller à l'exécution du traité et d'y apporter, au besoin, les améliorations nécessaires, exprime le vœu que cette institution puisse être appelée à remplacer le Bureau actuel, le jour où, d'un commun accord, les puissances auront reconnu que les circonstances rendent possible l'adoption de cette mesure. »

Il ne reste donc plus qu'à attendre patiemment la réalisation de ce programme de l'avenir.

VIII

BUREAU INTERNATIONAL

PUBLICATION DES TARIFS DOUANIERS

La veille du jour où la Conférence de Bruxelles pour la répression de la traite des nègres allait clore ses laborieux travaux, c'est-à-dire le 1ᵉʳ juillet 1890, une autre réunion du même genre inaugurait les siens dans la même ville, pour les achever peu après, le 5 du même mois, en signant une convention qui dotait la capitale de la Belgique d'un second Bureau international. Leur simultanéité n'était pas l'indice d'une analogie quelconque entre les questions que discutaient ces deux assemblées. Tandis que l'une, préoccupée des intérêts moraux de l'humanité, cherchait les moyens de faire disparaître une grande iniquité, l'autre se tenait sur le terrain beaucoup plus prosaïque, mais moins lugubre, des intérêts purement matériels, dans leurs rapports avec les douanes.

Cette dernière ne venait pas débattre le principe de l'institution douanière; l'acceptant comme un fait, et considérant qu'elle est une entrave au commerce, elle se proposait seulement de parer aux surprises fâcheuses qu'elle peut occasionner. Elle pensait, par le développement de la publicité donnée aux lois et règlements qui s'y rapportent, rendre service aux négociants, en leur permettant de combiner leurs opérations avec une connaissance exacte des obstacles financiers qu'ils rencontreront sur leur route. Les droits de douane constituent en effet un facteur important du trafic international, et les personnes qui le font ont besoin de savoir quel est le régime douanier des pays avec lesquels elles sont en rapports d'affaires. Le baron Lambermont, président de la Conférence et partisan du libre échange, ne cacha pas qu'à ses yeux ce n'était là qu'un pis aller, et qu'il serait bien préférable de supprimer les douanes; mais il convint que, quoique l'accroissement considérable du mouvement des échanges fût un des faits contemporains les plus frappants, la destruction de ces gênantes barrières n'était pas proche et qu'il fallait se résigner à s'en accommoder tant bien que mal.

Depuis un certain temps, plusieurs pays, — l'Allemagne, l'Angleterre, la Belgique, la France, l'Espagne, les États-Unis, l'Italie, la Suisse, —

avaient cherché à aider leurs ressortissants, en publiant, à leur intention, des documents concernant les conditions de l'importation et de l'exportation des marchandises en tous pays. C'était un progrès sur une période antérieure, où de semblables informations étaient données uniquement par des publications privées, souvent inexactes et que leurs auteurs ne tenaient jamais à jour. Mais ce n'était pas encore assez.

Le gouvernement belge se livra à un examen comparatif, qui lui fournit les éléments d'une démonstration de cette insuffisance. Il constata que les reproductions d'un même tarif, faites en divers lieux, ne concordaient pas; que la plupart des collections publiées étaient incomplètes; que les modifications apportées aux tarifs étaient souvent négligées ou mal indiquées; enfin, que les tarifs et leurs suppléments paraissaient toujours avec des retards qui rendaient l'utilité de leur publication contestable, au point de vue pratique.

En présence de ces défectuosités, les Belges conçurent l'idée de « créer à Bruxelles, avec la coopération de tous les gouvernements intéressés, un Bureau international, qui serait chargé de traduire et de publier, au fur et à mesure de leur apparition et dans les langues commerciales les plus usitées, tous les tarifs douaniers du monde, ainsi que les modifications qu'ils subissent. » Il n'y aurait pour cela, pensaient-ils, qu'à « rendre internationale » l'organisation du Bureau de traduction des tarifs douaniers, qui fonctionnait déjà en Belgique à la grande satisfaction des habitants de ce royaume.

On passa rapidement de la pensée à l'action. Un « Avant-projet de convention pour la création d'un Bureau international des tarifs douaniers, » complété par un « Avant-projet de Règlement d'exécution » vit le jour à Bruxelles et fut communiqué à tous les gouvernements. Il répondait, paraît-il, à un besoin bien vivement senti, puisque, peu après son apparition, le 1ᵉʳ mars 1888, 72 États ou colonies autonomes y avaient adhéré en principe. Le succès était assuré par un assentiment aussi général, et il ne restait plus à s'entendre que sur les détails.

Dès le 15 mars 1888 des délibérations s'ouvrirent sur ce point à Bruxelles, au sein d'une conférence où siégeaient les représentants de 25 États ou colonies. Afin d'éclairer sa route, on avait eu soin de mettre sous ses yeux un recueil complet des dispositions législatives régissant les Bureaux internationaux déjà institués. On fit ainsi briller devant elle ce que le délégué de la Turquie appela « la chaîne d'or des réformes qui abaissent journellement les barrières entre les peuples et en assurent la fraternité, par le moyen de ces conventions internationales qui portent le nom, si joli et si caractéristique, d'Unions. »

Six séances furent consacrées à la discussion des

avant-projets susmentionnés, mais l'assemblée était trop peu nombreuse et les assistants n'avaient pas tous des instructions assez précises, pour qu'on pût songer à rédiger une convention définitive. On convint donc de ne se proposer qu'un travail préparatoire, de chercher les bases d'un accord, et de ne rien faire qui engageât les États représentés. On laisserait à une conférence subséquente, qui se tiendrait six mois plus tard, le soin de revoir et de signer ces arrangements.

Deux ans, et non six mois, s'écoulèrent avant qu'une suite pût être donnée à cette affaire. Au mois de juillet 1890 seulement, on fut en mesure de procéder à de nouveaux débats et de conclure le traité dont je vais exposer l'économie.

L'Association formée par les pays contractants porte le nom de « Union internationale pour la publication des tarifs douaniers. » Son but est « de publier à frais communs et de faire connaître, aussi promptement et aussi exactement que possible, les tarifs douaniers des divers États du globe, et les modifications que ces tarifs subiront dans la suite.»

Ce travail devra s'effectuer dans un « Bureau international, » par les soins duquel seront traduits et publiés soit les tarifs en question, soit les actes législatifs ou administratifs qui les modifieront.

C'est donc une conception très simple : une

Union qui n'a qu'un seul objectif, créer un Bureau, lequel, à son tour, ne remplit qu'une fonction unique.

Ce Bureau aura son siège à Bruxelles. Il sera placé sous la tutelle du Ministère des Affaires étrangères de Belgique, qui en nommera les employés, lui fera des avances de fonds, veillera à la régularité de sa marche, prendra en un mot les dispositions nécessaires pour qu'il soit organisé et fonctionne conformément aux vues du législateur. La Conférence n'a pas songé à placer en Suisse le siège du Bureau des tarifs douaniers. Ceux qu'on lui proposait comme modèles ayant presque tous leur résidence dans ce pays, elle se serait peut-être conformée à la tradition si, dès 1888, la Belgique n'avait pris les devants et témoigné le désir bien naturel qu'on lui donnât la préférence. « J'espère, » disait son représentant aux membres de l'Assemblée, « que cette proposition ne va pas à l'encontre de vos vues. La Belgique ne porte et ne peut porter ombrage à personne. Elle aussi, s'il m'est permis d'emprunter une expression appliquée hier à un autre peuple, elle aussi est un foyer de paix. La neutralité caractérise sa position dans l'ordre politique et elle y a été toujours fidèle. Elle ne se désintéresse assurément pas des luttes pacifiques de l'intelligence, mais, autant que d'aucune autre nation, on peut dire d'elle qu'elle vit de commerce et d'industrie. C'est ainsi qu'elle a été amenée à offrir l'hospitalité à l'institution qu'il s'agit de créer au profit du commerce général. Si vous jugez que sa témérité n'a point été excessive, je suis certain, de mon côté, d'être son organe, en vous assurant qu'elle saura apprécier la préférence que vous aurez bien voulu lui accorder. » La Conférence fut heureuse de témoigner au gouvernement belge sa gratitude, pour avoir donné l'impulsion et participé avec zèle au travail qu'elle accomplissait, en accueillant ses ouvertures avec faveur.

Le recueil que publiera le Bureau sera intitulé : *Bulletin international des douanes (Organe de l'Union internationale pour la publication des tarifs douaniers).* Il paraîtra en cinq langues, savoir : en allemand, en anglais, en espagnol, en français et en italien. Chacun des pays contractants aurait aimé, on le comprend, que sa propre langue fût du nombre des privilégiées, mais chaque traduction entraînant une grosse dépense, on fut bien contraint de ne pas contenter tout le monde et de faire un choix. L'adjonction d'une nouvelle langue aux cinq premières a toutefois été prévue, dans le cas où le Bureau réaliserait des économies suffisantes sur son budget. En attendant, on a équitablement tenu compte, aux pays dont la langue ne sera pas employée, de la moindre utilité qu'ils retireront du Bulletin; leur part des frais a été diminuée des deux cinquièmes.

La difficulté de traduire très fidèlement des

textes de lois ou de règlements a été aussi considérée et a motivé une réserve expresse. Il a été entendu que les gouvernements ne seraient pas responsables, s'il y a lieu, des inexactitudes de traduction commises par le Bureau, et que, en cas de contestation, le texte original serait seul invoqué.

La Conférence s'est encore montrée très soucieuse de la concurrence qu'on pourrait faire au Bureau en reproduisant le contenu de son Bulletin. Il importait, pour assurer la prospérité et la vitalité de l'entreprise collective, de ne pas laisser se fermer les débouchés sur lesquels elle comptait. L'Union devait être envisagée comme propriétaire des traductions faites et publiées en son nom par le Bureau, et l'on n'admettait pas qu'un particulier ou un État séparé se les appropriât. En conséquence, tout en permettant la traduction du Bulletin, par les États de l'Union, dans des langues autres que celles employées par le Bureau, on ne toléra que partiellement et dans des cas déterminés sa reproduction textuelle.

C'est également une préoccupation financière qui a conduit à accorder aux États contractants le monopole des abonnements au Bulletin, de telle sorte qu'aucun pays ne puisse bénéficier de cette publication sans entrer dans l'Union. Il en résulte, malheureusement, que le Bulletin n'est pas à la portée de tout le monde, puisqu'on ne peut se le

procurer qu'en s'adressant à l'un des gouvernements associés, qui ne disposent eux-mêmes que
d'un nombre d'exemplaires limité. Beaucoup de
plaintes se sont déjà élevées contre ce système, qui
prive, pour une grande part, l'Union de l'utilité à
laquelle elle prétend. Elle ferait bien d'y renoncer.
Elle le pourra en tous cas sans en éprouver aucun
dommage, lorsque tous les États civilisés auront
adhéré à la Convention de Bruxelles, ce qui probablement ne tardera pas, puisque cinquante et un
d'entre eux l'ont déjà signée.

Afin de mettre le Bureau à même de publier son
Bulletin, les membres de l'Union se sont engagés
à lui envoyer, sans retard, deux exemplaires :

a) de leur loi douanière et de leur tarif douanier,
mis soigneusement à jour ;

b) de toutes les dispositions qui y apporteront
dans la suite des modifications ;

c) des circulaires et instructions qu'ils adresse-
ront à leurs bureaux de douane, concernant l'application du tarif ou la classification des marchandises, et qui peuvent être rendues publiques ;

d) de leurs traités de commerce, conventions
internationales et lois intérieures qui ont un rapport direct avec les tarifs douaniers en vigueur.

Est-ce là tout ce que les commerçants ont intérêt
à connaître quant aux charges qui pèsent sur leurs
expéditions à l'étranger ? Non. Pour les renseigner
complètement à cet égard, il faudrait joindre aux

tarifs douaniers et à ce qui les concerne d'autres documents assez nombreux, qui en forment le complément rationnel. Aussi n'a-t-on pas manqué de le demander. L'un des intéressés aurait voulu qu'on indiquât, dans le Bulletin, les droits de navigation et de port, ainsi que les tarifs des chemins de fer; — un autre, les règles relatives aux drawbacks, aux droits de transit, aux surtaxes, aux droits de statistique, etc., qui influent sensiblement sur la situation faite aux produits importés; — un troisième, la statistique des importations et des exportations de chaque pays; — un quatrième, les formalités à remplir en douane. Souscrire à tous ces désirs, c'eût été entreprendre une véritable encyclopédie commerciale, ce qui n'était point le but de la Conférence de Bruxelles. On les écarta donc, mais il est bon de ne pas les perdre de vue, car ils font pressentir une extension future des attributions du Bureau, et montrent dans quelle direction se développera son activité, si jamais il est assez riche pour faire face aux frais considérables qui en résulteraient. Rien que pour les tarifs douaniers, on a évalué le coût du Bureau à 125,000 fr. par an. S'il fallait accroître ce chiffre, admis comme un maximum, on recontrerait sans nul doute de la résistance chez plusieurs des associés, lors même qu'on leur promettrait, en retour, des imprimés plus volumineux que ceux dont ils se contentent aujourd'hui.

Le partage de la dépense entre les membres de l'Union a été, pour la Conférence, une tâche fort ardue. Le principe de leur répartition en six classes, proportionnellement à l'importance relative de leur commerce, a été facilement accepté, mais, lorsqu'on a dû déterminer à laquelle de ces classes chaque État appartiendrait, on a éprouvé quelque peine à concilier toutes les prétentions. Les pays dont le commerce se monte régulièrement à plus

de 4 milliards forment la..... 1re classe;
de 2 à 4 milliards la .... 2me »
de 500 millions à 2 milliards la 3me »
de 100 à 500 millions la ...... 4me »
de 50 à 100 millions la .... 5me »
à moins de 50 millions la...... 6me »

Suivant une combinaison empruntée au régime des Bureaux internationaux de Berne [1], chaque pays paie un certain nombre d'unités de dépense — 55, 40, 25, 20, 15 ou 5 suivant sa classe — et il reçoit l'équivalent de ses versements en abonnements au Bulletin, qui lui sont comptés au prix de quinze francs.

Tous les associés se sont cotisés. en outre, pour fournir une somme de 50,000 fr., destinée à couvrir les frais de premier établissement. Quant à l'affectation proposée d'un autre capital de 50,000 fr. à la constitution d'un fonds de prévoyance, en

____

[1] Voy. p. 97.

faveur du personnel du Bureau, on l'a ajournée jusqu'à l'expiration du premier terme de sept ans pour lequel la Convention a été conclue, parce qu'alors seulement, après cette période d'essai, on sera fixé sur le caractère plus ou moins durable de l'institution. Toutefois, un supplément normal de 15 % au traitement des fonctionnaires et employés a été voté, d'ores et déjà, pour constituer des assurances sur la vie en faveur de leurs familles.

La Convention, ai-je dit, doit rester en vigueur pendant sept ans, mais elle sera ensuite prorogée, de sept en sept ans, par tacite reconduction, si personne ne la dénonce. En tout temps, d'ailleurs, les gouvernements pourront l'améliorer, pourvu que ce soit d'un commun accord.

Le Bureau a été ouvert le 2 avril 1891. Il est logé dans un immeuble appartenant à la Ville de Bruxelles. La *Revue de droit international et de législation comparée* a donné, sur son établissement et ses premiers travaux, les renseignements suivants [1].

Le ministre des affaires étrangères de Belgique, qui est chargé de la haute direction de l'institution, a délégué ses pouvoirs entre les mains du Directeur du commerce et des consulats de son département, avec le titre de « Président du Bu-

[1] T. XXIII, p. 535.

reau international. » C'est ce fonctionnaire qui correspond officiellement avec les États membres de l'Union, pour les affaires qui la concernent. La direction effective a été confiée à l'ancien chef du bureau des tarifs belges, avec le titre de « Directeur du Bureau international. » Il est assisté d'un secrétaire et de dix traducteurs, dont cinq de 1re classe, deux de 2me classe et trois de 3me classe. Les traducteurs de 1re classe ont été envoyés par des gouvernements étrangers et se trouvent à la tête de chacune des cinq sections dont l'institution se compose, sections qui correspondent aux cinq langues dans lesquels les tarifs sont imprimés. Au commencement du mois d'octobre dernier, huit tarifs avaient déjà été publiés. savoir : ceux de la Suisse, de la Grande-Bretagne, de l'État du Congo, de l'Inde britannique, de la République dominicaine, de l'Espagne, de l'Italie et de la Belgique. Celui du Portugal et de ses colonies était sous presse.

IX

OFFICE CENTRAL

TRANSPORTS INTERNATIONAUX

MARCHANDISES PAR CHEMINS DE FER

Une convention a été conclue à Berne, le 14 octobre 1890, entre neuf gouvernements, au sujet du transport international des marchandises par chemins de fer. Le but qu'on s'est proposé en faisant cet arrangement a été de tarir la source d'innombrables procès, provenant de la diversité des législations nationales, quant aux effets des contrats intervenus entre expéditeurs et voituriers pour la transmission des marchandises d'un pays à l'autre. Les contestations naissaient presque toujours d'incertitudes quant à la loi applicable dans une espèce donnée; celles des divers États sur le territoire desquels un parcours avait été effectué se trouvant souvent en désaccord à cet égard, chaque partie pouvait alléguer des raisons plausibles pour demander à être jugée d'après celle qu'elle estimait la plus favorable à ses prétentions. Grand était l'embarras quand il s'agissait d'établir, par exemple, qui était responsable du préjudice résultant d'un retard, d'une avarie ou de quelque autre cause, qui avait qualité pour intenter une action en justice, ou quelle juridiction devait en être nantie. La jurisprudence elle-même n'avait aucune fixité. D'autre part, les doutes qui régnaient sur le droit engendraient des risques, qui nuisaient au développement des relations d'échange. Le commerce en souffrait.

Afin de conjurer ce mal, d'une évidence et d'une gravité indéniables, on a donc fait une loi générale, établissant clairement les droits aussi bien que les obligations des intéressés, et désignant le juge de leurs différends. Ce traité lie toutes les puissances dont les territoires constituent l'Europe continentale, sauf les péninsules extrêmes, ibérique, hellénique et scandinave, mais il ne prévoit pas l'adhésion de nouveaux pays. Néanmoins il me parait hors de doute que les États non contractants qui voudraient entrer dans cette Union y seraient bien accueillis, car plus le réseau de voies ferrées qu'elle embrasse sera étendu, mieux son but sera atteint.

Quelque satisfaisant qu'ait été le résultat obtenu,

on ne s'en est pas contenté. On a pensé qu'il convenait, non seulement de prescrire l'observation de principes identiques en tous pays, mais de faire en outre quelque chose pour faciliter et assurer l'exécution de ces clauses. La mesure à laquelle on s'est arrêté a été l'institution à Berne d'un « Office central des transports internationaux. »

Pour se rendre bien compte de ce que sera ce Bureau, encore en expectative, il faut envisager séparément ses différentes tâches, qui ne sont point toutes de même nature. On peut les classer en trois catégories.

I. L'Office central devra, en premier lieu, « rece« voir tous les renseignements de nature à intéres« ser les transports internationaux, qui lui seront « communiqués par les États contractants et par « les administrations de chemins de fer. »

Les membres de l'Union sont spécialement astreints, de leur côté, à lui faire part des changements qui surviendront dans la liste des lignes de leurs pays respectifs mises au bénéfice de la Convention. On trouve, parmi les annexes de cet acte, la nomenclature des cent quatre-vingt-trois lignes, d'un parcours total de 155,000 kilomètres, auxquelles s'applique d'emblée la loi internationale, mais d'autres peuvent y être ajoutées par la suite, comme aussi des radiations peuvent y être opérées, si « pour une raison financière ou pour un empê-

« chement matériel, un chemin de fer ne se trouve
« plus dans la condition de satisfaire aux obliga-
« tions qui lui sont imposées. »

Chaque État devra encore informer l'Office des
objets dont le monopole est réservé chez lui à
l'Administration des postes, et de ceux dont il a
interdit le transport par mesure d'ordre public,
car la Convention ne saurait leur être applicable.
Toute modification survenue à cet égard sera noti-
fiée à Berne le plus promptement possible.

Mais on a laissé, je ne sais pourquoi, à l'Office
central le soin de se procurer lui-même la liste d'autres marchandises inacceptables par les compagnies.
Ce sont celles qui « par leur dimension, leur poids
« ou leur conditionnement, ne se prêteraient pas au
« transport, à raison du matériel et des aménage-
« ments, même d'un seul des chemins de fer dont
« le concours est nécessaire pour l'exécution du
« transport. »

Toutes ces indications pratiques devront être
non seulement recueillies mais notifiées par l'Office à tous les États contractants et aux administrations de chemins de fer intéressées. Il sera tenu
de coordonner et de publier ces données, sans
préjudice d'autres « renseignements de toute nature intéressant le service des transports internationaux. » Il pourra, s'il le juge convenable, les
faire paraître sous la forme d'un journal, rédigé en
allemand et en français.

II. L'Office central a encore été créé pour régler les contestations qui pourraient s'élever entre administrations de chemins de fer, au sujet des transports internationaux de marchandises. Il est pour cela à leur disposition dans deux cas différents.

Premièrement, pour faciliter les relations financières, en opérant le règlement des comptes qui resteraient en souffrance, par suite de négligence ou d'opposition de la part de l'une des parties ou pour toute autre cause. Le maintien des rapports des chemins de fer entre eux veut que cette situation ne se prolonge pas indéfiniment. Il suffira alors qu'un seul des intéressés mette l'Office central en demeure d'intervenir, pour que celui-ci doive acquiescer à sa demande. Les bordereaux et créances impayés lui seront remis et il s'efforcera d'en obtenir le recouvrement.

A cet effet, il est armé de certains droits. Il peut mettre le débiteur en demeure de payer, et, si cette sommation ne suffit pas, renvoyer l'affaire au juge compétent. Dans le cas où « les motifs du refus allégué n'auraient pas une apparence suffisante de fondement » ou « si la contestation ne portait que sur une partie de la créance, » il pourrait — après toutefois avoir pris l'avis de deux conseils désignés par le Conseil fédéral — exiger que le montant de la dette fût provisoirement versé entre ses mains. Si l'on n'obéit pas à cette injonction, l'Office requiert l'appui de l'État duquel dépend le chemin de fer récalcitrant ; et si cet État, à son tour, n'obtient pas gain de cause, il doit faire rayer le chemin de fer débiteur de la liste des associés, sous peine d'être réputé accepter lui-même, de plein droit, la garantie de sa solvabilité.

Le second cas est celui où, dans une contestation quelconque, les parties s'accorderaient à prendre l'Office pour arbitre. Il doit alors, sur leur demande, prononcer entre elles, et cela sans consulter personne. Si on ne lui impose pas ici, comme pour la première sorte de litiges, l'obligation de s'entourer des lumières de spécialistes experts, c'est que son intervention n'est plus obligatoire, et que les plaideurs qui n'auront pas confiance en lui pourront s'adresser ailleurs. Au surplus, le Conseil fédéral, auquel incombe le soin d'organiser le Bureau, a, dit-on, le dessein de compléter cette disposition, en constituant un tribunal arbitral, composé de deux jurisconsultes et du Directeur de l'Office, lequel serait chargé de décider sur toutes les contestations entre compagnies, qui lui seraient soumises par elles. Il est peu probable que, quoique facultatif, le recours à cette juridiction amiable ne devienne pas habituel, car « il donnera aux chemins de fer la possibilité de faire statuer sans frais et très promptement, par des juges impartiaux, sur toutes les difficultés qui les diviseront[1]. »

[1] De Seigneux, *Commentaire du projet de Convention*, p. 70.

III. L'Office a un dernier rôle à remplir, qui se rapporte aux changements à introduire dans la Convention. Celle-ci statue qu'il y aura tous les trois ans une conférence des puissances contractantes, pour y apporter les améliorations ou modifications jugées nécessaires, mais que cet intervalle pourra être abrégé, sur la demande du quart des États. Or c'est l'Office qui est chargé de proposer ces réunions lorsqu'il y aura lieu, ainsi que d'instruire les propositions que les intéressés auraient à leur soumettre, en les communiquant préalablement aux membres de l'Union et en recueillant leurs avis.

Il convient de rappeler que la Convention, signée le 14 octobre 1890, avait fait antérieurement l'objet des délibérations de trois conférences successives, tenues à Berne en 1878, 1881 et 1886, et que l'initiative de ce mouvement avait été prise par le gouvernement helvétique, à l'instigation de deux de ses ressortissants. « Nous n'avions compté, » a écrit l'un d'eux[1], « ni sur la routine si difficile à déraciner, ni sur la résistance des compagnies de chemins de fer, ni sur les difficultés résultant de l'immixtion de la politique dans les questions commerciales. » Mais ces obstacles inattendus n'empêchèrent pas l'heureuse pensée qu'avaient eue des jurisconsultes suisses de faire son chemin.

---

[1] M. de Seigneux.

Le projet de convention préparé par les soins du Conseil fédéral, en 1878, ne faisait aucune mention d'un Bureau central. Cette idée surgit seulement au cours des délibérations de la Conférence, et elle fut accueillie avec sympathie par toutes les délégations. Mais elle ne revêtit point de prime abord la forme qu'elle a reçue plus tard. La Convention imposant aux chemins de fer l'obligation de se charger des transports internationaux, on voulut que l'accomplissement de ce devoir ne leur fût pas dommageable, et, en conséquence, on institua une autorité armée du pouvoir de les en dispenser, lorsque telle ou telle circonstance justifierait une semblable exception. Il fut décidé que cette fonction serait exercée par une « Commission internationale » formée de deux délégués de chaque État et réunie une fois par an, chaque pays la recevant à tour de rôle et dirigeant ses affaires jusqu'à la conférence suivante. Puis il y aurait un « Bureau central » à poste fixe quelque part. Les frais d'administration seraient répartis, sur le pied de l'égalité, entre tous les États contractants.

Quand cette organisation fut discutée pour la seconde fois, en 1881, on la critiqua vivement et elle rencontra une forte opposition. On lui reprocha de porter atteinte à la souveraineté des États, — surtout en raison de ce que les décisions devaient être prises à la simple majorité des votants, — d'être impuissante pour parer, en temps utile, aux

dangers prévus, et de pouvoir devenir une source
de mésintelligence. La France proposa alors de
remplacer la Commission internationale par un
Office central, dans les compétences duquel ne
figurerait plus le droit de suspendre l'obligation
de transport. On pouvait y renoncer sans inconvénients, des précautions d'une autre nature ayant
été prises, en prévision de l'insolvabilité de l'un ou
de l'autre des chemins solidarisés. Le projet français, qui fut unanimément accepté, était conforme
à l'état de choses définitif, tel que je l'ai exposé
dans cette notice.

Les frais de l'Office central ne peuvent dépasser
annuellement la somme de cent mille francs et
sont supportés par tous les États contractants, dans
la proportion du nombre de kilomètres de leurs
lignes de chemins de fer admises à participer au
service des transports internationaux.

La Convention de 1890 ne doit être appliquée
que trois mois après l'échange de ses ratifications,
formalité qui n'a pu encore s'accomplir mais qui
est imminente. En attendant, l'Office central n'est
pas né, et il n'y a rien à dire de ses travaux qui
n'ont pas commencé ; mais on peut avoir confiance
dans sa réussite, garantie par celle des Bureaux
internationaux qui l'ont précédé dans la ville où il
résidera.

CONSIDÉRATIONS GÉNÉRALES

Les chapitres qui précèdent ont montré, pour chacun des Bureaux internationaux, par quel concours de circonstances il a été créé, quelles sont ses attributions et ce qu'il a fait, si tant est qu'il ait déjà travaillé. Maintenant que nous les connaissons, le moment est venu d'aborder les enseignements qui se dégagent de cette étude. Si ces Bureaux ne se font pas encore remarquer par leur grand nombre, ils ont d'autre part un air de famille prononcé, et leurs caractères communs se dessinent assez nettement pour qu'on en puisse ébaucher la synthèse. Quelques rapprochements et des vues d'ensemble permettront peut-être, mieux que le contenu des monographies que je leur ai consacrées, de comprendre le prix qu'on doit y attacher et d'entrevoir leur destinée.

Dans mon introduction, j'ai anticipé sur ces considérations finales. Pour préparer le lecteur à entendre ce dont j'allais l'entretenir, j'ai dû le prévenir que je lui parlerais de faits sans précédents, dont le plus ancien ne date pas même d'un quart de siècle, d'institutions placées sous la suzeraineté collective de tous les peuples policés et répondant à de pressantes nécessités. Je n'ai donc à revenir maintenant ni sur l'origine toute moderne des Bureaux internationaux, ni sur leur cosmopolitisme.

Aucun plan préconçu n'a, du reste, présidé à la naissance de ces nouveaux rouages gouvernementaux. S'ils doivent jamais faire partie d'un organisme universel propre à mettre un terme à l'anarchie internationale, ils y sont encore absolument étrangers. L'initiative, tantôt officielle tantôt privée, ne s'est laissée guider, pour en provoquer la formation, que par ses inclinations du moment, se portant, sans diriger ses regards plus haut ou plus loin, sur le point où l'appelaient la sollicitude des personnes qui s'en faisaient les instruments.

Mais, au fond, les Bureaux internationaux tendent tous à un même but, qui est le rapprochement des peuples. Chacun d'eux s'attache à supprimer quelqu'un des obstacles qui s'y opposent. Quoique isolés, ils collaborent en vue d'un résultat d'ensemble, et, dès lors, il est dans la logique des choses que, s'ils se multiplient, comme on doit s'y attendre, pour accomplir toutes les réformes dont dépend le triomphe de leurs communes aspirations, le jour vienne où l'on voudra harmoniser leurs efforts pour hâter leur victoire.

Ils sont donc un acheminement à quelque chose de plus systématique que ce qui existe maintenant. Je n'oserais dire jusqu'où ils conduiront dans cette voie, mais j'ai quelque peine à me persuader que les Bureaux actuels ne sont pas le germe d'une transformation de grande importance, et l'un des éléments principaux du problème de l'avenir social. L'histoire de l'humanité nous la montre adoptant, dans des périodes successives, comme unité de groupement, la famille, la tribu, la nation; or il semble qu'aujourd'hui, comme on l'a dit[1], ayant pris conscience d'elle-même, elle veuille continuer cette progression et considérer tous les individus de l'espèce comme solidaires les uns des autres, comme assujettis à coopérer tous ensemble à leur bien général. Les conditions de la vie moderne poussent énergiquement à cette évolution, qu'accélère encore le spectacle des résultats merveilleux obtenus de nos jours par de simples associations, qui utilisent les forces vives du monde entier. Les États ont voulu faire comme les particuliers, et se sont fédérés pour mieux arriver à certaines de leurs fins. On ne saurait les en blâmer. Il n'y a pas lieu non plus de s'effrayer de cette tendance, qui est

[1] W. Rosier, *Notice sur l'Union postale.*

d'ailleurs irrésistible, pourvu que l'on ne brusque pas la transition du régime de l'isolement à celui de la communauté. Il suffira, pour écarter tout danger, de procéder prudemment à l'ouverture des nouveaux sentiers dans lesquels les sociétés humaines se montrent disposées à s'engager, réalisant ainsi le progrès d'étape en étape, dans la mesure où la sagesse l'autorise.

Qu'on ne craigne pas de glisser trop vite sur cette pente, tant que prévaudront les théories régnantes, relativement aux droits souverains dont un État ne peut se dessaisir sans compromettre sa dignité. Les assemblées qui ont eu à délibérer sur les attributions des Bureaux internationaux ont été fort circonspectes à cet égard. Elles ne se sont pas montrées de facile composition, lorsqu'on a fait appel à leur générosité ou à leur libéralisme, pour approuver des nouveautés dans lesquelles elles croyaient discerner un empiètement sur les prérogatives que tout État estime devoir conserver avec un soin jaloux. Quelque insignifiantes que fussent les concessions qu'on leur demandait, quelque bénignes qu'en fussent les apparences, elles se .sont tenues le plus souvent sur la réserve, et auraient dit volontiers, avec le rat de la fable :

Ce bloc enfariné ne me dit rien qui vaille.

Elles n'ont guère fait difficulté d'ériger les Bureaux en offices de renseignements, recueillant de

partout et distribuant aux intéressés des informations variées; pourtant, même pour un service aussi
peu compromettant, elles ont tenu compte de certains scrupules des membres des Unions. Elles
n'ont pas toujours osé réclamer d'eux, autrement
qu'à bien plaire, la communication de papiers qu'ils
voulaient se réserver la faculté de garder par devers
eux. Quand on a chargé les Bureaux de quelque
travail, ce n'a été qu'après s'être bien rendu compte
que, pour l'accomplir, ils n'auraient pas à faire
acte d'autorité. Aussi dès qu'ils ont voulu sortir de
ce cercle resserré, les progressistes ont-ils ren-
contré des barrières difficiles à franchir; en particulier lorsqu'ils ont proposé de conférer aux
Bureaux le droit de trancher des différends en
qualité d'arbitres. Quelques concessions ont été
cependant obtenues sur ce point. Elles familiari-
seront les peuples avec la notion d'une justice
internationale. Il ne serait même pas impossible
que, par cette petite brèche, on pénétrât plus avant
dans la forteresse où le pouvoir judiciaire se bar-
ricade contre l'éventualité, chimérique selon M. le
professeur Renault[1], d'un tribunal suprême, ne
relevant exclusivement d'aucun État en particulier,
et devant lequel seraient portées les contestations
concernant le droit des gens.

---

[1] *Étude sur les rapports internationaux. La poste et le télé-
graphe.*

Envisagés au point de vue des matières dont ils s'occupent, les Bureaux internationaux offrent une grande diversité. Après avoir débuté comme auxiliaires de grandes administrations publiques, ils ont été mis au service du commerce et de l'industrie, de la littérature et de l'art, de la science et de la philanthropie. Ils ne touchent cependant à la plupart de ces sujets que par un côté; celui qui a paru se prêter le mieux à des essais de cette nature, ou du moins être le mieux préparé à les affronter, parce qu'on s'y trouvait en présence de besoins impérieux à satisfaire. Mais il serait téméraire de proclamer qu'on s'en tiendra là, et qu'un instrument de progrès aussi apprécié de ceux qui l'utilisent ne recevra pas d'autres applications, dans le champ si varié de l'activité humaine. Il y a, au contraire, une forte présomption qu'on se verra contraint de donner une extension de plus en plus grande au travail des Bureaux internationaux, et même de les multiplier. De nombreux indices justifient cette espérance.

Par exemple, quoique l'on se soit montré très timoré, à l'origine, quand il s'est agi de déterminer la compétence des Bureaux aujourd'hui existants, l'opinion publique, qui leur a fait refuser certains droits à un moment donné, peut devenir plus accommodante et consentir à ce qu'on leur attribue un rôle moins effacé. La Conférence de Bruxelles y a compté, en 1890, lorsqu'elle a prévu

le jour où l'on donnerait au Bureau de la traite
des esclaves plus d'importance qu'elle n'estimait
pouvoir lui en accorder à l'époque où elle délibé-
rait[1]. Le Bureau des télégraphes et celui des postes
ont déjà vu leur tâche s'étendre graduellement,
chaque fois, pour ainsi dire, que les Conventions
qui leur avaient donné naissance ont été revisées.
Le Bureau des chemins de fer, de son côté, qui
n'envisage que le transport des marchandises,
pourrait bien être chargé également de ce qui
concerne le transport des voyageurs et des baga-
ges, si l'initiative prise par la Belgique, au sujet
d'une convention réglant cette matière, est cou-
ronnée de succès.

On sait aussi que le Congrès littéraire et artistique international, réuni à Neuchâtel à la fin du
mois de septembre dernier, a réclamé la centralisation, dans le Bureau de Berne pour la protection
des œuvres littéraires et artistiques, de tous les
documents relatifs à la généalogie de ces œuvres.

Enfin le service du Bureau des poids et mesures
va être complété par l'adjonction d'un laboratoire
pour mesurer l'intensité de la pesanteur, en vertu
d'une décision prise par le Congrès géodésique de
Florence, en 1891.

Les Unions universelles, ai-je dit dans mon
introduction, ne se sont pas toutes accordé le luxe

---

[1] Voy. p. 120.

d'un Bureau, mais il se peut que celles qui s'en sont privées changent d'avis, en voyant les avantages que d'autres retirent de semblables institutions. Il n'y aurait rien de surprenant, par exemple, à ce que l'Union phylloxérique qui, dans son état actuel, ne porte pas, dit-on, tous les fruits qu'on en attendait, se ravisât et entrât dans la voie que j'indique ; d'autant que la Conférence préparatoire de Lausanne l'a déclaré nécessaire, dès 1877.

Enfin, il existe un assez grand nombre de projets, pour l'installation de Bureaux qui se rattacheraient à des Unions futures. J'en citerai quelques-uns.

Je ne parle pas, on le comprend, de Bureaux créés sans l'intervention d'aucun gouvernement, comme celui qu'a résolu de fonder à Berne le Congrès de la paix tenu dernièrement à Rome, ou celui que le Congrès international de photographie a décidé, en 1891, d'instituer à Bruxelles. Je m'en tiens à ceux qui devront revêtir un caractère officiel.

A Vienne, en 1874, une Commission sanitaire, internationale mais temporaire, émit le vœu — qui n'a jamais été exaucé — qu'une convention fût conclue pour instituer une « Commission sanitaire internationale permanente » chargée de l'étude des maladies épidémiques, principalement du choléra. Elle aurait eu un Bureau à résidence fixe.

Cette année même, l'Institut de droit international, réuni à Hambourg, a réclamé la formation d'une Union internationale, en vue d'une publication aussi universelle, aussi prompte et aussi uniforme que possible des traités et conventions entre États, les recueils qui les contiennent laissant actuellement beaucoup à désirer. L'exécution en serait naturellement confiée à un Bureau unique, que le Conseil fédéral suisse s'est déclaré d'avance prêt à organiser à Berne, si on le lui demande.

A Anvers, en 1890, le Congrès dit « du Livre, » après avoir proposé une entente internationale pour la création, dans chaque pays, d'une bibliographie nationale moderne sur un plan uniforme, a été jusqu'à rêver d'un Bureau central, qui dépouillerait ces bibliographies et arriverait ainsi à réunir les matériaux d'un travail gigantesque, mais pour le moment irréalisable, celui d'une bibliographie internationale.

Il me souvient encore que, plus anciennement, on avait proposé, je ne saurais dire où, d'avoir un Bureau international pour publier régulièrement les pièces concernant l'extradition des malfaiteurs, ou propres à faciliter la capture des criminels fugitifs. La question ouvrière a aussi été indiquée comme pouvant rentrer dans le programme de Bureaux internationaux.

Mais je ne veux pas allonger cette énumération, que je laisse à d'autres le soin de compléter. Je m'en tiens aux quelques indications qui précèdent.

Quoique les idées qu'elles rappellent n'aient pas
la même valeur et ne soient pas toutes également
faciles à mettre en pratique, elles suffisent pour
attester que les Bureaux internationaux n'ont pas
dit leur dernier mot. On conçoit d'ailleurs que
leur développement doive correspondre à celui du
droit international, dont l'allure est rapide et qui
leur ouvre sans cesse de nouveaux horizons. La
masse confuse de questions sociales d'où ils peuvent surgir m'apparaît comme comparable à ces
nébuleuses où se façonnent peu à peu les mondes
du firmament. Quelques Bureaux se sont déjà
dégagés du chaos et je pressens que beaucoup
d'autres apparaîtront peu à peu. Ils seront toujours, il est vrai, exclus de certains milieux où leur
intervention ne saurait être de mise, de la politique
entre autres, mais, sans mettre le pied sur ce terrain brûlant, ils auront toujours devant eux assez
d'espace accessible pour pouvoir fournir une belle
et utile carrière.

Peu d'institutions publiques me paraissent moins
critiquables et ont été moins critiquées que les
Bureaux internationaux. Les services incontestables qu'ils rendent dans leurs diverses spécialités
sont appréciés comme il convient, mais, ce qui ne
leur vaut pas moins de témoignages d'approbation
que les progrès matériels dont le mérite leur
revient, c'est l'idée morale sur laquelle ils reposent

et pour le triomphe de laquelle leur travail est précieux.

Il ne s'est pas tenu, je crois, une seule assemblée à propos des Unions universelles, sans que quelque orateur y ait proclamé l'heureuse influence que ces alliances ne peuvent manquer d'exercer en faveur du maintien de la paix dans le monde. Non seulement elles procèdent et s'inspirent de la croyance féconde que les nations civilisées doivent être unies comme ne formant qu'une seule famille, mais encore elles les habituent à faire cause commune pour l'obtention d'avantages positifs. Les Unions tendent aussi à rendre les rapports, entre ressortissants de pays différents, plus faciles et plus sûrs, et, de cette façon encore, elles diminuent les chances de guerre en supprimant des causes de conflits. Les conférences dans lesquelles les Unions se forment sont elles-mêmes des écoles de courtoisie internationale et de conciliation. On y va d'ordinaire avec le désir de s'accorder et l'on réussit fréquemment à s'entendre, car là le plus fort ne dicte pas la loi au plus faible, l'égalité règne entre grands et petits, et les concessions mutuelles, quand elles sont raisonnables, s'obtiennent sans froissements. Les échos de ce commerce fraternel retentissent ensuite au loin, et contribuent à dissiper les préjugés funestes qui entretiennent la malveillance de certains peuples les uns envers les autres.

Cette vertu pacificatrice, les Unions mères l'ont-elles transmise aux Bureaux qui sont leur ouvrage? Ces derniers contribuent-ils, eux aussi, à amoindrir l'humeur belliqueuse de l'humanité? On peut, je crois, répondre affirmativement à cette question. Si les Bureaux n'ont pas l'autorité et le prestige des Unions, ils ont sur elles, en revanche, l'avantage de réaliser, ostensiblement et sous une forme active, l'unité de vues des gouvernements associés. Tandis que les traités ne parlent qu'à l'esprit, les Bureaux frappent les regards et sont plus impressifs. Drapeaux des Unions, ils révèlent leur existence à ceux qui l'ignorent et la rappellent à ceux qui seraient enclins à l'oublier. Ils contribuent donc pour leur bonne part à la propagation des pensées qu'elles doivent éveiller. Cela serait vrai, du moins, si les Bureaux acquéraient plus de notoriété qu'ils n'en ont. Aussi est-ce une des raisons qui m'ont fait dire[1] qu'ils ne sont pas connus autant qu'il le faudrait, et qui m'ont déterminé à leur consacrer cet opuscule.

Afin de donner une idée de l'aire géographique qu'embrassent les Bureaux internationaux, j'aurais dû peut-être, en traitant des diverses Unions, reproduire, pour chacune d'elles séparément, la liste des pays qui en font partie; mais il m'a paru

---

[1] Page 5.

préférable de réunir toutes ces indications, et de
les rendre ainsi aisément comparables entre elles.
J'en ai donc dressé un tableau d'ensemble[1], indiquant quels sont, dans les différentes parties du
monde, les États qui bénéficient du travail des
Bureaux, et montrant, en même temps, à quelles
Unions chaque État appartient. Ce qu'il importait
de mettre en évidence c'était bien, en effet, à quel
point le mouvement d'opinion qui a donné naissance aux Bureaux s'est généralisé, et dans quelle
mesure chaque nation s'y est associée.

La nécessité où je me suis trouvé, en préparant
ce tableau statistique, de disjoindre les colonies de
leur métropole, pour les rapporter chacune à la
fraction de la terre où elle se trouve, explique
comment il se fait que le nombre de mes indications ne concorde pas avec celui des États membres des Unions[2]. Ce défaut d'harmonie n'est
donc pas, comme on pourrait le supposer, l'indice
d'erreurs à relever. Le groupement géographique
des territoires qui sont du ressort des Bureaux ne
pouvait s'effectuer qu'à ce prix.

J'ai vu d'ailleurs, à les classer de la sorte, l'avantage de mettre en évidence les lacunes qui existent,

[1] Voyez, page 169.
[2] Cette discordance provient aussi de ce que les colonies et
les pays de protectorat ont contracté tantôt en leur propre
nom, tantôt sous le couvert de leur métropole ou de leur pro-
tecteur.

et, par conséquent, les conquêtes que chaque Union a encore à opérer pour atteindre complètement son but. Qu'on ne perde pas de vue, cependant, que, en raison de leur objet même, toutes les Unions ne peuvent pas prétendre à un égal développement. Le réseau des télégraphes, par exemple, est moins étendu que celui des postes, et les transports internationaux par chemins de fer se limitent forcément à l'Europe. Il est également certain que nombre de pays n'ont pas une production industrielle, littéraire ou artistique, qui justifie des mesures de protection internationale en sa faveur. Il serait donc déraisonnable de vouloir que toutes les Unions, universelles en théorie, le fussent en réalité; mais qu'on se rapproche autant que possible de cet idéal, c'est ce qu'il est permis de souhaiter.

S'il existait, sur un point quelconque du globe, une ville capitale du monde, il y a apparence qu'on y aurait établi tous les Bureaux internationaux. A son défaut, il a fallu que l'un ou l'autre des États contractants consentît à les recevoir sur son territoire. Là n'était pas la difficulté, car tous auraient consenti sans peine à leur donner l'hospitalité, considérant cette charge comme un privilège et un honneur. On eut bien plutôt l'embarras du choix. Dans certains cas, pour les poids et mesures d'abord, puis pour la géodésie et plus tard pour la traite des nègres, l'hésitation n'était pas permise ; les Bureaux furent attribués à la France, à la Prusse et à la Belgique, centres tout indiqués des Unions auxquelles ils se rattachaient. Pour les tarifs douaniers on s'est borné, je l'ai dit[1], à transformer en Bureau international une administration préexistante à Bruxelles. Il eût été discourtois de refuser cette satisfaction aux Belges qui la désiraient. Le reste du temps, aucune puissance n'ayant des titres positifs à être préférée, les Unions n'eurent à se préoccuper que de placer leurs organes centraux dans les conditions d'existence les plus favorables à leur fonctionnement. Or, invariablement, elles résolurent de dresser leur tente sur le sol helvétique. Une telle persistance à tourner leurs regards vers la Suisse a dû être motivée par de bonnes raisons, que je vais essayer de discerner. Ce sera la fin de cette étude.

On ne saurait attribuer ce penchant pour la Suisse à une gracieuseté que rien ne justifierait. Ce n'est pas parce qu'elle est du nombre des États fondateurs de toutes les Unions dont il s'agit, que cette faveur aurait pu lui être octroyée, car elle n'est pas le seul pays qui se trouve dans ce cas[2], et d'autres ont déployé autant de zèle qu'elle pour

[1] Page 125.
[2] La Belgique, la France et l'Italie s'y trouvent aussi.

la cause commune. Ce n'est pas davantage que les actes constitutifs des Unions aient été dûs à son initiative, puisqu'elle n'a eu ce mérite que deux fois. Il est même remarquable que c'est chez elle seulement, dans un congrès qui siégeait à Berne, que son élection a été disputée[1].

Cherchons donc ailleurs la cause de cette inclination des gouvernements à établir à Berne le siège de leurs associations générales. Elle n'est du reste pas difficile à découvrir. Il est évident qu'ils ont considéré cette petite cité des bords de l'Aar comme un lieu de refuge, où des œuvres de concorde, propres a former d'heureux liens entre les peuples, pourraient être mises en dépôt, à l'abri des rivalités entre nations et des risques de guerre. De telles garanties de sécurité et de conservation n'existent complètement nulle part, mais on a cru qu'on les trouverait en Suisse mieux qu'ailleurs. La neutralité de ce pays et la stabilité de ses institutions entourent, en effet, les choses que l'on confie à sa garde d'un double rempart, contre les troubles du dehors et contre les perturbations du dedans.

La neutralité est, pour sa part, un préservatif de grande valeur, et elle le deviendra d'autant plus que les puissances auxquelles elle est opposable auront elles-mêmes, sur le territoire suisse, des

---

[1] Voy. p. 43.

intérêts plus nombreux à sauvegarder. Plus elles
y auront installé de ces centres d'action bienfai-
sante qu'on appelle des Bureaux internationaux,
qui ne jouissent pas du bénéfice de l'exterritoria-
lité mais suivent le sort du pays lui-même, plus
elles seront portées à respecter la situation légale
qu'elles ont faites à ce dernier par calcul straté-
gique. Alors, la neutralité suisse ne sera plus envisagée seulement au point de vue politique et mi-
litaire ; elle deviendra un facteur essentiel de
l'ordre social dans son ensemble ; elle jouera,
dans les questions économiques et morales, un
rôle de plus en plus considérable, et toute velléité
de la violer viendra se heurter contre la crainte
d'encourir une responsabilité plus lourde qu'auparavant.

La stabilité politique de la Suisse me semble
être, au moins autant que sa neutralité, un fait
auquel les Unions ont dû songer quand elles ont
élu domicile chez elle, car, sous ce rapport, elle n'a
pas de rivaux, et offre des avantages exceptionnels.
L'ancienneté de ses institutions gouvernementales
donne une base solide à son régime actuel. Depuis
six siècles elle est une confédération d'États répu-
blicains, et ses habitants sont d'accord pour continuer à vivre de la même manière. Quant aux changements qui pourraient provenir d'ingérences
étrangères, ils ne sont plus guère à redouter,
depuis que la neutralité helvétique est devenue un

dogme du droit des gens. Il n'y a donc pas à prévoir, de ce chef, des tourmentes intérieures, qui viendraient déranger ou suspendre la marche régulière des services internationaux placés sous la tutelle des autorités fédérales.

A d'autres égards encore la Suisse se recommandait au choix des puissances contractantes. Son peu d'étendue la met hors de cause dans les luttes d'influence, auxquelles les grandes puissances se livrent sans cesse pour le maintien ou la rupture de l'équilibre européen. Elle n'éveille pas de défiance. On a donc pu, sans donner de l'ombrage à personne, lui concéder un privilège, qui eût suscité infailliblement des convoitises s'il fût échu en partage à un État de premier ordre.

N'était-il pas naturel aussi, l'Europe ayant été le berceau des Unions, que leur foyer de rayonnement y fût maintenu, et placé dans l'endroit d'où ses communications avec les intéressés seraient les plus aisées? Sous ce rapport, la Suisse, point central et culminant de l'Europe médiane, n'avait pas sa pareille.

On a dû lui tenir compte, enfin, de ce qu'elle est sur la ligne de jonction des races latine et germanique. L'esprit de ses habitants, façonné sous leur influence combinée, se trouve assez équilibré pour qu'un écrivain étranger ait pu dire que « le « peuple suisse est le plus sage de tous les peu- « ples, » en ajoutant que « personne ne fait diffi-

« culté de le reconnaître [1]. » De plus, coutumier
de la neutralité politique, si difficile à pratiquer, il
devait paraître tout spécialement apte à observer
la neutralité administrative, imposée aux Bureaux
internationaux, qui sont comme des institutions
neutres par rapport aux nombreux gouvernements
qu'ils servent.

Ces présages concordants n'ont pas été trom-
peurs. Les Bureaux de Berne n'ont jamais recueilli
que des éloges, dans le concert desquels aucune
note discordante ne s'est fait entendre. On a
apprécié, en particulier, la modestie avec laquelle
ils se sont acquittés de leur tâche, et qui se trahit
jusque dans leurs installations, d'où le luxe a été
banni. Ils n'ont pu trouver place dans le Palais
fédéral, insuffisant déjà pour les besoins de l'administration suisse et où ils n'avaient pas du reste, si
l'on peut ainsi parler, droit de cité. On n'a pas
jugé non plus nécessaire de les grouper ailleurs.
Dispersés dans les rues avoisinantes, ils y sont
comme dissimulés dans des appartements locatifs.
Aucune enseigne extérieure n'y révèle leur existence
au public, qui n'a d'ailleurs nul besoin d'en être
instruit, car ce n'est pas avec la population locale
qu'ils ont affaire. Au moral aussi ils ont su se
tenir à leur place. « S'ils eussent pris des allures
de puissances directrices, ils eussent sans doute

---

[1] *Le Temps,* 20 octobre 1891.

éveillé des susceptibilités et compromis leur existence, au grand détriment de l'entente générale.
La simplicité de leur attitude a servi au contraire
la cause des Unions. » J'emprunte ces paroles, —
en les généralisant, car elles peuvent l'être, — à
l'historien du Bureau télégraphique [1]. Berne a donc
fait ses preuves ; elle a déjà une tradition administrative internationale, qui repose sur des expériences assez multipliées pour être réfléchie et durable.
De son côté, la haute surveillance qui appartient
au Conseil fédéral n'est point tracassière. Ce corps
l'exerce par l'entremise de l'un ou de l'autre de
ses départements, qui nomme les directeurs et les
secrétaires généraux, arrête les budgets, y compris
le traitement du personnel, — réglé uniformément
pour chaque degré de la hiérarchie, — fait gratuitement les avances de fonds nécessaires, contrôle
les rapports annuels et les distribue à qui de droit.
A cela près, les conseillers fédéraux s'immiscent le
moins possible dans la gestion des Bureaux.

Ceux-ci ont si bien répondu, dès le début, à
l'attente de leurs fondateurs, que, lorsqu'on a voulu
organiser les plus récents, on n'a pas eu besoin,
pour gagner tous les suffrages à la Suisse, d'invo-
quer autre chose que le succès de ceux qui y pros-
péraient déjà. Ils ont fait ainsi boule de neige, si
j'ose me servir d'une comparaison banale, qu'ap-

[1] E. Saveney. (*Revue des Deux Mondes.*)

pelle leur proximité des blanches cimes alpestres,
en sorte qu'un orateur anglais a pu affirmer que
« la Suisse est devenue peu à peu, avec l'assentiment cordial des autres peuples, le *home* des
Unions internationales [1]. »

C'est toujours sans hésitation qu'elle même s'est
mise au service de ces Unions. Si elle n'a pas provoqué les appels qui lui ont été adressés, elle s'en
est tenue pour honorée et y a répondu avec em-
pressement. Elle y a vu une dispensation provi-
dentielle, qui la faisait entrer dans une voie où
elle pourrait se rendre utile aux autres tout en
travaillant à son propre bonheur. Elle a compris
que son rôle international en serait rehaussé et
qu'elle avait tout à gagner à devenir, comme l'a
dit un de ses enfants [2], « le centre des aspirations
qui réalisent le progrès, la paix, la fraternité entre
les différents peuples. » Les témoignages de bien-
veillance et d'estime qu'on lui prodiguait l'autori-
saient à espérer, — sans toutefois se faire de trop
grandes illusions à cet égard, — à espérer, dis-je,
que, dans la situation nouvelle qu'elle acceptait,
elle pourrait nouer de nombreuses amitiés, et que
celles-ci deviendraient un palladium pour son
indépendance, lui tenant lieu, dans les mauvais
jours, d'alliances que sa neutralité ne lui permet

[1] Discours de M. Adams à la Conférence de Berne, en 1886.
[2] M. d'Orelli, à la Conférence de Berne en 1885.

pas de contracter. C'est de cette pensée patrio-
tique que le chef de l'État, M. Welti, s'est inspiré
lors du sixième centenaire de la Confédération,
quand, à Schwytz, le 1ᵉʳ août 1891, il a fait entendre ces paroles : « La Suisse est respectée au
milieu des nations, avec lesquelles elle vit en paix
et en amitié ; notre souveraineté, pour laquelle
nous avons combattu pendant des siècles, est non
seulement reconnue, mais encore déclarée invio-
lable par des traités solennels, et c'est avec une
confiance qui nous honore que les États civilisés
du monde entier ont placé sous notre égide les
institutions créées pour les relations internationales. »

Il est regrettable que ces paroles n'aient pas été
appuyées par la présence des chefs des Bureaux
internationaux dans le cortège officiel de la fête.
Ils y eussent formé un groupe unique en son
genre, dont l'aspect, mieux encore que celui du
corps diplomatique, eût attesté la solidité et l'ex-
cellence des liens qui unissent la Suisse au reste
du monde.

TABLEAU DES PAYS

QUI SONT DU RESSORT

DES

BUREAUX INTERNATIONAUX

———><———

OBSERVATIONS

1. Le mot *possessions* désigne, dans ce tableau, aussi bien les colonies autonomes, les pays de protectorat et les zones d'influence, que les provinces lointaines et les colonies non émancipées.

2. Les *possessions* n'ont été indiquées que lorsqu'il a été expressément stipulé en leur nom, sauf pour ce qui concerne la Russie et la Turquie asiatiques, dont le sort est toujours lié à celui de la Russie et de la Turquie d'Europe.

EUROPE	Télégraphes.	Postes.	Poids et mesures.	Propr. industrielle.	Œuvres littéraires.	Géodésie.	Traité.	Douanes.	Chemins de fer.
Allemagne	1	1	1	...	1	...	1	...	1
Bade	...	...	...	...	...	1			
Bavière	...	...	...	...	...	1			
Hambourg	...	...	...	...	...	1			
Hesse	...	...	...	...	...	1			
Prusse	...	...	...	...	...	1			
Saxe	...	...	...	...	...	1			
Wurtemberg	...	...	...	...	...	1			
Andorre	...	1							
Autriche-Hongrie	1	1	1	...	...	1	1	1	1
Belgique	1	1	1	1	1	1	1	1	1
Bulgarie	1	1							
Danemark	1	1	1	...	...	1	1	1	
Espagne	1	1	1	1	1	1	1	1	
France	1	1	1	1	1	1	1	1	1
Grande-Bretagne	1	1	1	1	1	...	1	1	
Grèce	1	1	...	...	...	1	...	1	
Italie	1	1	1	1	1	1	1	1	1
Luxembourg	1	1	...	...	1	...	...	...	1
Monaco	...	1	...	...	1				
Monténégro	1	1							
Pays-Bas	1	1	...	1	...	1	1	1	1
Portugal	1	1	1	1	...	1	1	1	
Roumanie	1	1	1	1	...	1	...	1	
Russie	1	1	1	...	...	1	1	1	1
Saint-Marin	...	1							
Serbie	1	1	1	1	...	1			
Suède et Norvège	1	1	1	1	...	1	1		
Suisse	1	1	1	1	1	1	...	1	1
Turquie	1	1	1	...	...	...	1	1	
Possessions britanniques	...	1	...	...	1				

ASIE	Télégraphes.	Postes.	Poids et mesures.	Propr. industrielle.	Œuvres littéraires.	Géodésie.	Traite.	Douanes.	Chemins de fer.
Japon	1	1	1	...	...	1			
Perse	1	1	...	...	...	...	1		
Siam	1	1	...	...	...	...	...	1	
Possess. britanniques (toutes)	...	...	...	...	1	...	...	1	
Ceylan	...	1							
Chypre	...	1							
Hong-Kong	...	1							
Inde	1	1							
Labouan	...	1							
Straits Settlements	...	1							
Possessions espagnoles	1	1	...	1	1	...	...	1	
Possess. françaises (toutes)	...	1	...	1	1	...	...	1	
Cochinchine	1								
Possessions néerlandaises	1	1	...	1	...	...	...	1	
« portugaises	...	1	...	...	...	...	...	1	
» russes	1	1	1	...	...	...	1	1	1
» turques	1	1	1	...	...	...	...	1	

AFRIQUE	Télégraphes.	Postes.	Poids et mesures.	Propr. industrielle.	Œuvres littéraires.	Géodésie.	Traité.	Douanes.	Chemins de fer.
Congo		1					1	1	
Libéria		1							
Sud africaine (Rép.)									
Possessions allemandes									
Afrique S. O.		1							
Cameroun		1							
Togo		1							
Possess. britanniques (toutes)					1			1	
Cap de Bonne-Espérance	1								
Côte d'Or		1							
Gambie		1							
Lagos		1							
Maurice		1							
Natal	1								
Sierra-Leone		1							
Zanzibar							1		
Possessions espagnoles	1	1			1			1	
Possess. françaises (toutes)		1		1	1			1	
Sénégal	1								
Tunisie	1								
Possessions italiennes								1	
» portugaises		1						1	
» turques	1	1	1					1	1

AMÉRIQUE	Télégraphes.	Postes.	Poids et mesures.	Propr. industrielle.	Œuvres littéraires.	Géodésie.	Traite.	Douanes.	Chemins de fer.
Argentine (Rép.)	1	1	1					1	
Bolivie		1						1	
Brésil	1	1		1				1	
Chili		1				1		1	
Colombie (E. U. de)		1							
Costa-Rica		1						1	
Dominicaine (Rép.)		1		1					
Équateur		1							
États-Unis		1	1	1		1	1	1	
Guatemala		1		1				1	
Haïti		1			1			1	
Honduras		1							
Mexique		1	1			1		1	
Nicaragua		1						1	
Paraguay		1						1	
Pérou		1	1					1	
Salvador		1						1	
Uruguay		1						1	
Vénézuéla		1	1					1	
Possess. britanniques (toutes)					1			1	
Antilles		1							
Bahama		1							
Bélize		1							
Bermudes		1							
Canada		1							
Falkland		1							
Guyane		1							
Terre-Neuve		1							
Possessions danoises		1						1	
» espagnoles	1	1		1	1			1	
» françaises		1		1	1			1	
» néerlandaises		1		1				1	

OCÉANIE	Télégraphes.	Postes.	Poids et mesures.	Propr. industrielle.	Œuvres littéraires.	Géodésie.	Traite.	Douanes.	Chemins de fer.
Hawaï	...	1							
Possessions allemandes	...	1	...	...	1	...	...	1	
Possess. britanniques (toutes)	...	1							
Australie méridionale	1								
Nouvelles Galles du Sud	1	...	...	1					
Nouvelle Zélande	1	...	...	1					
Tasmanie	1								
Victoria	1								
Possessions espagnoles	1	1	...	...	1	...	...	1	
» françaises	...	1	...	1	1	...	...	1	
» néerlandaises	...	1	...	...	...	...	...	1	

TABLE DES MATIÈRES

GENÈVE. — IMPRIMERIE RONET, BOULEVARD DE PLAINPALAIS